QUELLEN
ZUR DEUTSCHEN
VOLKSKUNDE

Herausgegeben von

V. v. GERAMB UND L. MACKENSEN

Drittes Heft

Walter de Gruyter & Co.
vormals G. J. Göschen'sche Verlagshandlung — J. Guttentag, Verlagsbuchhandlung
Georg Reimer — Karl J. Trübner — Veit & Comp.
Berlin und Leipzig
1929

VOLKSKUNDLICHES AUS STRAFPROZESSEN DER ÖSTERREICHISCHEN ALPENLÄNDER

mit besonderer Berücksichtigung der Zauberei- und Hexenprozesse 1455 bis 1850

Gesammelt,

herausgegeben und mit Anmerkungen versehen

von

FRITZ BYLOFF

Walter de Gruyter & Co.

vormals G. J. Göschen'sche Verlagshandlung — J. Guttentag, Verlagsbuchhandlung
Georg Reimer — Karl J. Trübner — Veit & Comp.

Berlin und Leipzig

1929

Druck von C. G. Röder G. m. b. H., Leipzig. 811729

VORBEMERKUNG.

Die nachstehende Sammlung volkskundlicher Quellen aus Strafprozessen von fünf Jahrhunderten, die ich auf Einladung meines verehrten Kollegen V. v. Geramb hiermit der Öffentlichkeit übergebe, verdankt ihre Entstehung meinen langjährigen Archivstudien zur Klarstellung der Verbreitung der Zauberei- und Hexenprozesse in den österreichischen Alpenländern. Cl. Freiherr v. Schwerin hat kürzlich in einem auf der Freiburger Tagung des Verbandes deutscher Vereine für Volkskunde im September 1927 gehaltenen Vortrage über „Volkskunde und Recht" (im Druck erschienen unter der Bezeichnung „Die Volkskunde und ihre Beziehungen zu Recht, Medizin, Vorgeschichte" bei Herbert Stubenrauch, Berlin 1928) eindringlich darauf hingewiesen, daß eine sehr wesentliche und wissenschaftlich fruchtbare Beziehung zwischen Volkskunde und Recht in jener Gesetzgebung und Rechtsübung zu erblicken sei, die sich die Bekämpfung des sogenannten Aberglaubens, d. h. jener Volksanschauungen und Volksbräuche zum Ziele setzt, die von der Religion nicht anerkannt sind und auf naturwissenschaftlich nicht erklärbaren Kräften und Wirkungen beruhen; er hebt hierbei als im Brennpunkt aller Bekämpfung des Aberglaubens stehend die Hexenverfolgung besonders hervor. Seit sich die Gesamtvorstellung vom Zauberwesen entwickelte, die alles Abergläubische auf die einzige Wurzel der diabolischen Einwirkung, auf Teufelsgefolgschaft und Teufelsverehrung zurückführt, erstreckt sich das Gerichtsverfahren auf zauberische Gebräuche und Vorstellungen jeder Art, so daß sich kaum ein ergiebigeres Fundgebiet für Volksglaube, Sitte und Brauch vorstellen läßt, als die Akten der Zaubereiprozesse. Der Inhalt dieses Heftes möge den Beweis hierfür erbringen.

Ursprünglich war beabsichtigt, die Quellen nach Stoffgebieten geordnet zur Darstellung zu bringen. Dieser Wunsch hat sich deshalb als undurchführbar erwiesen, weil in den einzelnen zur Herausgabe gelangenden Aktenbestandteilen Dinge verschiedener Zugehörigkeit vereinigt sind. Die Verschiedenheit hätte, um die stoffliche Anordnung durchzuführen, die Zerreißung der Quellenstellen bedingt, was aus mancherlei Gründen nicht angängig ist. Daher ist es bei der natürlichen Ordnung nach der Entstehungszeit geblieben. In den Überschriften der einzelnen Stücke ist ihr wesentlicher Inhalt schlagwortartig angegeben, um die rasche Benutzung zu erleichtern; auch sind dort die Zahlen der Bezugstücke der Sammlung verzeichnet. Im übrigen wird auf das ausführlich gearbeitete Register verwiesen. Bezüglich der Literatur habe ich mich auf das Notwendigste beschränken zu sollen geglaubt und dabei den Weg eingeschlagen, daß ich solche Werke anführe, die ihrerseits weitere Literaturnachweise enthalten. Das „Handwörterbuch des deutschen Aberglaubens" ist in den erschienenen Teilen benutzt.

Es obliegt mir noch, den Leitungen der zahlreichen Archive, die mir durch ihr Entgegenkommen die Sammlung des weitzerstreuten Materials ermöglicht haben, insbesondere jenen des steiermärkischen Landesarchives und des Landesregierungsarchives in Graz meinen verbindlichsten Dank zum Ausdruck zu bringen.

Graz, im Juli 1928. **Fritz Byloff.**

1. BAHRPROBE.

(Siehe 29, 37.)

Archiv von Wiener-Neustadt Ji 41, S. 103, 1455.

Strafprozeß des Stadtgerichtes Wiener-Neustadt gegen Hans Schlögel wegen Tötung des Ulrich Zeller im Raufhandel.

Aus dem Schreiben des Beschuldigten an den Rat von Wiener-Neustadt vom 26. November 1455 (zitiert nach Josef Mayer, II. Bd., S. 170):

(Der außerhalb der städtischen Gewalt befindliche Beschuldigte bittet die Stadt Wiener-Neustadt um einen Geleitsbrief, um den Unschuldsbeweis zu führen, und verlangt folgendes:)

„Er wolle dahin (nach Wiener-Neustadt) kommen; der Leichnam des Getöteten soll wieder ausgegraben und in St. Marx vor dem äußeren Wienertore aufgebahrt werden. Dann sollen alle vier Beteiligten zur Bahre treten und einer nach dem anderen zwei Finger auf die Wunde legen und einen Eid sprechen: „„Hab ich ... den Ulrich Zeller erschossen, so soll Gottes Marter und sein heiliges rosenfarbenes Blut an mir und meiner Seele ewiglich verloren sein und meine Seele nimmer vor Gottes Angesicht kommen, so mir Gott helfe und alle seine Heiligen. Amen.""

Dann werde der Leichnam durch das Wiederbluten der Wunde Zeugnis geben[1]).

2. BILDZAUBER.

(Siehe 13, 14, 16, 60.)

Kärntner Geschichtsverein Klagenfurt. Sammelarchiv Khünegg G 3, 1465.

Strafprozeß des Landgerichts Grünburg gegen die Pfarrerschafferin Kathrey und die Katerl, der Andl Partundl Tochter, wegen Anhexen von Krankheiten[2]).

Aus dem Verhör der Katerl am Freitag vor St. Marien-Magdalenentag 1465 (19. Juli):

„Item von erst bekennet die benant Kätherl der benanten Anndl Parttundlyn tochter, das sy dy benant ir muter und die Kathrey hern Leonharts des Annger-man[3]) schafferin gein Grünburg geschikht haben, und zu warzeichen hab ir mueter die Parttundlin dem pfleger bey ir geschikht die weysat[4]), und die benant ir mueter und die schafferin haben ir also bevolhen, das sy solt zuwegen pringen aynen flekh von des pfleger gewannt, seins hars und ainen riem von seinen schuhen. Und als sy also mit der weysat[4]) hinauf gein Grüenburg in das gslos komen sey, da sey die pflegerin die weil ains kinds gelegen, zu der sey sy in die stuben komen und hab darinne gefunden ainen flekh von ain gruenen des pfleger harrassein[5]) schauben und in aym loch in derselben stuben hab sy gefunden des pfleger har und als sy

---

[1]) Das Bahrgericht beruht auf dem Gedanken des Fortlebens des Toten. Vgl. darüber Art. „Totenrecht" und „Gottesurteil" bei Hoops IV, S. 339 u. II, S. 322. Daselbst auch zahlreiche Literatur; ferner Schröder-v. Künßberg, Register s. v. „Gottesurteil", „Bahrgericht, Bahrprobe", „Tote".

[2]) Behandelt von Wutte, S. 45ff. [3]) Der damalige Pfarrer von Hermagor.

[4]) Das Geschenk, das nach noch heute bestehender Sitte von den Nachbarinnen einer Wöchnerin gegeben wird (Lexer S. 254).

[5]) = hären, aus Haaren gemacht.

wider aus hab wollen geen, hab sy hinvor vor der tür auf dem mushaws[1]) des pfleger schuch ligen sehen und davon ainen riem gesnyten. Und hat also die ding pracht der benanten ir mueter und der schafferin. Darnach haben sy sey aber geschikht umb ainen laym[2]), und als sy nu das und anders, so sy zu solhem genügt haben, beinander gehabt haben, da synd nu die Kathrey Porgätschin und die benant Kathrey hernn Leonharts des Angerman schafferin, und auch die benant Anndl Partundlin all drey miteinander aus dem markht gegangen und haben aus den vorgenanten dingen ain pild gemachtt und als sy das gemachtt haben, seyn ains nachts nach liechtzeit die vorgenant Kathrey herrn Leonharts schafferin, die Andel Parttundlin und die benant Kätherl ir tochtter aus dem markht gein Grünburg gangen und haben daselbb under der prugken das obgenant pildl als aines dawmbens tief eingegraben und darzu hat die schafferin ain hawen gelihen."

Aus dem Verhör der Kathrey, Herrn Leonharts des Angermann Dirn, vom Freitag vor St. Marien-Magdalenentag 1465 (19. Juli):

„. . . da hat aber die Porgatschin der schafferin gesagt, man müest darzu (scil. zum Krankheitszauber) haben des pfleger har, ainen ryem von seinen schuehen, aynen flekh seins gevannts und ain rypp von ainem todten menschen."

„. . . Item sy bekennet auch, das sy und die Porgatschin und Parttundlin ganngen seynn aus dem markht, zwischen des krewtz und des galigen daselbs seyen sy zesamen all drey gesessen und die vorgenanten ding zu dem pild hat die schafferin selbs hinaus getragen und auch selbs die rypp von einem todten menschen nahent ain spann langk auf den freythof zu sand Machor[3]) genomen und die auch mitsambt ir hinaus getragen.

Item die schafferin hat aber gesagt, wann man das pild heben well, so mueß man machen ain krälel[4]) mit zwain zügklein, damit mueß man es ausgraben, dann mueß man aber machen ain eysnemb pildel und das eingraben und den pfleger darüber geen lassen, so werd er wider gesunt und zu dasselb pildel mueß man auch smiden ain tail von aym waffen[5])[6])."

3. LEICHENTEILE GERICHTETER ALS LIEBESZAUBER.

(Siehe 12, 13, 34, 39, 57; 4, 5, 8, 9, 12, 34, 48, 55.)

Fürstbischöfl. Hofarchiv Brixen 1485.

„Der Innsbrucker Hexenprozeß von 1485." Von Hartmann Ammann. Zeitschrift des Ferdinandeums für Tirol und Vorarlberg, III. Heft, S. 34[7]).

---

1) Mushaus = Speisesaal.

2) Lehm.

3) Slow. für St. Hermagor.

4) Kralle = Haken mit zwei Zinken.

5) Wahrscheinlich so zu verstehen, daß zur Erzeugung des Eisenbildes ein Stück Eisen von einer Waffe verwendet werden müsse. Die ganze Vorstellung beruht auf der magischen Wirkung des Eisens (Seligmann, S. 161). Daselbst auch Anführung von Gebräuchen, die dem hier Erzählten ganz ähnlich sind („In Deutschland legt man Eisen und Stahl gegen Behexung unter die Türschwelle", S. 163). Vgl. im übrigen über den Bildzauber mit Wachsbildern, aber auch mit solchen aus Lehm, Teig und Eisen Grimm, Deutsche Mythologie, S. 913. Dieser Zauber geht in das höchste Altertum zurück (siehe auch Mall. mal., p. II, qu. 1, cap. 5, 11, 12).

6) Über den Bildzauber vgl. die Schlagworte: „Atzmann", „Bild, Bildzauber", ‚Defixion", „Rachepuppe", „Schadenzauber", „Vergraben" im Hdwtb. d. d. A. Der Bildzauber ist ein Analogiezauber; was man dem Bilde antut, spürt der Abgebildete.

7) Es ist dies der berühmte Prozeß, den der von Innozenz VIII. in der berüchtigten Hexenbulle: „Summis desiderantes affectibus" (1484) bestellte inquisitor haereticae pravitatis Heinrich Institoris in Innsbruck anstrengte und der mit einer schweren Blamage des Institoris endigte (vgl. Rapp, S. 11ff., 16, 18, und Hansen, S. 385).

Aus dem Zeugenverhör der Klörle (Clara) Lienhart (a. a. O., S. 10) vom 9. August 1485:

„Die alt Fenden hat gelernt eine, haist Richartin und ist ains auflegers hausfraw, das sy solt oben auf den galgen steigen und solt von dem diep etwas nemen, und wen sy domit wer anrüren, der müst sy liep haben[1]). Ursach, warumb sy es lernte, was, wan die Reicharten hat ein dochter, die hat einer swanger gemacht, und der wolt ir kein gutes mer dun."

4. LIEBESZAUBER.

(Siehe 3, 5, 8, 9, 12, 34, 48, 55.)

Aus dem Innsbrucker Hexenprozeß von 1485 (siehe Z. 3).

Verhör eines Zeugen (Name im Original unterdrückt), vom 15. August 1485:

„Ennli Forsterin in der vorstat ist ein pflegrin, hat dem Hanns Lamp ein große nuß, halbsübergült, under das haupt geleit und sid der zeit hat er seiner frauwen kein genad und wil sy erslagen und hengt an der Ennle; die ist wol zw fragen[2])."

5. LIEBESZAUBER.

(Siehe 3, 4, 8, 9, 12, 34, 48, 55.)

Aus dem Innsbrucker Hexenprozeß von 1485 (siehe Z. 3).

Aus dem Verhör (mehrerer Zeugen) vom 19. August 1485:

„Die alt Rendlin ist auch verclagt von ersten, wie sy den Cristan Engelsperger wolt von ersten verzauberen, darnach im vergeben, verzauberen zw der lieb, und er ir minne haben wolt und sy dunckt, er het ein ander do lieber den sy, do hat sy sich an im zweimol versucht, einmol mit dreyen pfrinlin[3]), dy sy in irer scham getöt hat und zw pulver mit andern materien geriert im zw vergeben, das sy selber den gesellen erkennen must, und darnach mit pulver, darin vil beinlein logen, das sy beslossen in einem brieflein gab einer personen, genant Steinil, wonhofftig ietz zw Meron, und die solt das pulver werfen zwischen den gesellen und der dürnen Magdalena, Wolfgangs eliche wirtin[4])."

6. TÖTUNGS- UND ERBLINDUNGSZAUBER.

(Siehe 7, 15, 17, 59.)

Aus dem Innsbrucker Hexenprozeß von 1485 (siehe Z. 3).

Aus dem Verhör des Zeugen Ulrich Pogner und seiner Hausfrau Margret (a. a. O., S. 14ff.) vom 21. August 1485:

„Wider die saittenmacherin an der Anbruck[5]), die hat einem getrogt[6]), der hat ir dochter, sy wolt machen, das er in eim iar must erhangen werden oder blind werden. Argwon sweren und wissenschaft het er genumen von seiner haußfrauwen, die do gesehen hat, das sy hor, das von des klagers haupt kummen was, und sy

---

[1]) Eine der vielfachen Formen des von dem Hingerichteten ausgehenden Glückszaubers (Wuttke, S. 136ff., insbesondere Strack, S. 43ff.).

[2]) Nüsse sind ein Zeichen der Liebe; die vergoldete Nuß ist ein beliebtes Festtagsgeschenk (vgl. Wuttke, S. 110). Über die Rolle der Nuß im Liebeszauber vgl. Aigremont, S. 89ff.

[3]) Pfrille = Ellritze (kleiner Süßwasserfisch; aspratilis pelanus).

[4]) Über den hier angeführten Liebeszauber Wuttke, S. 365ff., und Hovorka-Kronfeld I, S. 175. Schon in den Bußbüchern wird diese unappetitliche Praxis der Weiber scharf getadelt (vgl. die Nachweise bei Schmeller I, S. 694; über das „Dazwischenwerfen" Wuttke, S. 368).

[5]) An (Oenus) = Inn.

[6]) Gedroht. Die Drohung richtet sich gegen den Ankläger, den Schwiegersohn der Beklagten.

im das außgezogen hat, alß ob sy im lausen wolt, zwsammen wickelt, und bant das an ein höltzle und steckt das in der kuchen in ain maure; das fant ir dochter, des klagers weip und warff das in das für[1]."

7. KRANKHEITSZAUBER.

(Siehe 6.)

Aus dem Innsbrucker Hexenprozeß von 1485 (siehe Z. 3).

Aus dem Verhör mehrerer Zeugen vom 23. August 1485 (a. a. O., S. 15ff.):

„Wider die Wolff dochter, des Molers zu Hettingen haußfraw, ist großer lümit[2]), von ersten, daz sy dem Ludwig Koch sein ander haußfraw verzaubert hab mit einer bausch, die sy ir gesendet hat, wenn die erst haußfraw des Ludwicks was ir swester gewesen, und alsobald die frauw den bausch auffsetzt, do wurden ir blotter in dem haupt und wart vast[3]) wiettend und unsinig in dem haupt, also über ein halb iar. Do sy wolt den bausch lossen zertrennen, do fant man darin saubersten, hor, kalck, wachs und andern unflot, also das enweg kam, do wurden ir sachen besser[4])."

8. LIEBES- UND SCHLAFLOSIGKEITSZAUBER.

(Siehe 3, 4, 5, 9, 12, 34, 48, 55.)

Aus dem Innsbrucker Hexenprozeß von 1485 (siehe Z. 3).

Beschworene Zeugenaussage des Martein Graff und seiner Hausfrau vom 25. August 1485 (a. a. O., S. 16):

„Die, Gred Kolers dochter, hat Martein Graff verzaubert, daz er seiner frauwen kain genad haben mag, ouch verzaubert, das er in zwelff wuchen kain slof dun möcht, und des nam er ain sicherhait von ersten, das er einmol sy zwingen wolt, daz sy im hilff. Do sprach sy, es wer noch nit zeit. Item sy was sein bul gewesen und meint, das er sy zu der ee nemen wird, und do er ein ander nam, do sprach sy: „„Ich wil dir ein letz[5]) lossen, der du wol innen wirst."" Item die fraw Greta hat in irem bet funden ein spinnil[6]) mit dreyerlei umbgebunden, leinen und willen[7]) faden, mit menschen hor, item in einer snur, die er an seinem mantel gehabt hat vor zweyen iaren, hat er in diser wuchen, als ich[8]) gepredigt hab, funden ingewirckt menschen har und har von der frauwen glid[9]), und das hat sy im darin gewirckt, wan sy entlehnt die snur von im auff ein zeit und gebs im darnach wider[10])."

9. LIEBESZAUBER.

(Siehe 3, 4, 5, 8, 12, 34, 48, 55.)

Aus dem Innsbrucker Hexenprozeß von 1485 (siehe Z. 3).

Zeugenaussage der Elisabeth, des Schneiders Heinrich Weib, vom 3. September 1485 (a. a. O., S. 19ff.):

1) Eine Form des Analogiezaubers (das Haar ist als pars pro toto Symbol des zu Schädigenden).
2) Leumund = böser Ruf.
3) = sehr.
4) Formen des Schadenzaubers. Haare und Wachs kommen sehr häufig als Zaubermittel vor.
5) Schwäche, Krankheit.
6) Kleine Spinne.
7) Wolle.
8) Heinrich Institoris, der damals in Innsbruck zahlreiche Predigten hielt, in denen er zur Angabe von verdächtigen Personen aufforderte (vgl. Hansen, S. 385, und Rapp, S. 11ff.).
9) Scham.
10) Formen von Sympathiezauber (Wuttke, S. 366).

„Wider Elß Heiligkrützin, die ist des mößners swester, lernt die leut, daz sie man verzaubern, daz sys nemen müssen und daz sy ein swartze henne kauffen sollen, wie mans beit[1]), und solten das hertze lebent daraß nemen und legen zw dem heimlichen end[2]) und daz den mönschen zw essen geben[3])."

10. MILCHZAUBER (HEXENBRENNEN).

(Siehe 30, 34, 48, 54, 63, 70.)

Aus dem Innsbrucker Hexenprozeß von 1485 (siehe Z. 3).

Zeugenaussage der Christine Ypfhoferin vom 6. September 1485 (a. a. O., S. 20):

„Trenlin Rötfelders dirn ist in argwon, daz sy den küen die milch nimpt, wen ein person, der die milch genummen wart, gelernt, daz sy den milchkübel yber das für hencken solt und solt den slahen in des tüfels namen, so müst die person kummen. Also gescha es, daz die person kam weinen und gehub sich übel[4])."

11. ALRAUNWURZELN ALS PROZESSZAUBER.

(Siehe 18, 22, 51.)

Aus dem Innsbrucker Hexenprozeß von 1485 (siehe Z. 3).

Aus dem Verhör der Zeugin Elsbet Velklin, „deren hat die person[5]) der alrunen zwo geben, das sy es under die altardiecher legen solt", *vom 8. September 1485:*

„Wider die Seützin in der vorstat die kan under die altardiecher alrun: und wen dorüber 9 meß werden gelesen, so kan sy kain urteil vor dem rechten verlieren[6])."

12. JUDENEXKREMENTE UND LEICHENTEILE NEUGEBORENER KINDER ALS ZAUBERMITTEL.

(Siehe 3, 13, 34, 39, 57; 3, 5, 8, 9, 34, 48, 55.)

Aus dem Innsbrucker Hexenprozeß von 1485 (siehe Z. 3).

Aus dem Verhör eines (unbekannten) Zeugen vom 14. September 1485 (a. a. O., S. 23):

(Die Aussage richtet sich gegen eine namentlich nicht genannte übel berüchtigte Hexe in Hall bei Innsbruck.)

„Contra eam deposuit primus testis . . ., quod tempore, quo ipse erat in eius famulatu[7]), repetitis vicibus misit eum ad cloacas Judeorum in Yssbruck, ut de stercoribus Judeorum inde apportaret, quod et interdum fecit, interdum omisit de aliis sibi apportando."

Ein anderer (ebenfalls unbekannter) Zeuge berichtet am selben Tage, daß eine Frau in Innsbruck den Erzherzog Sigismund bezaubern wollte, um dessen verlorene Liebe wiederzugewinnen, und zu diesem Zwecke einen Schüler zu der Hexe von Hall

---

1) Wie man's beut (bietet), d. h. ohne zu feilschen. 2) Schamteil.

3) Eine Kombination von Opfer und Sympathiezauber (Wuttke, S. 366).

4) Ähnlicher Zauber, um Hexen zum Erscheinen zu zwingen, ist vielfach verbreitet. Wuttke, S. 258ff.: „Wenn Vieh behext ist, so stellt man eine Pfanne über das Feuer und hackt mit der Grassichel hinein; die erste Person, die dann kommt, ist die Hexe (Wetterau)." Dazu zahlreiche andere Belegstellen.

5) Die unten erwähnte Seützin in der Vorstadt.

6) Der Alraun als allgemeiner Glückstalisman zeigt sich hier in der Sonderanwendung als Prozeßtalisman (Marzell, Hdwtb. d. d. A., Art. „Alraun", S. 319). Als Prozeßtalisman kommt die Alraunwurzel auch in Norddeutschland, Schlesien, Thüringen und Hessen vor (Wuttke, S. 103). Vgl. auch das Schlagwort: „Alraun" im Hdwtb. d. d. A.

7) Das heißt als er in ihren Diensten stand.

schickte, um von ihr gewisse Zaubermittel zu holen. Ein Priester nahm ihm bei seiner Rückkehr diese Sachen ab.

„Tunc inter horrenda erat de unbilico seu de pellıcula eius absciso a corpore unius pueri noviter nati[1]).“

13. BILDZAUBER, GALGENHOLZ ALS ZAUBERMITTEL.

(Siehe 2, 14, 16, 60; 3, 12, 34, 39, 57; 22, 45.)

Aus dem Innsbrucker Hexenprozeß von 1485 (siehe Z. 3).

Aus der beeideten Zeugenaussage der Gertrud Rotin vom 17. Oktober 1485 (a. a. O., S. 3ff.):

(Die beschuldigte Barbara Selachin lebt in Feindschaft mit der Zeugin. Als diese erkrankt, gibt sie der Selachin die Schuld und wird in ihrem Verdachte durch einen Töpfer bestärkt, der ihr den Rat gibt, unter der Schwelle nachzugraben:)

„Als nun mein Gatte in Gegenwart und unter Beihilfe des Töpfers dies tat, fanden sie unter der Türschwelle ein handgroßes Wachsbild, darstellend ein Weib, durchstochen und voll von (Löchern). Auch steckten in dem Wachsbild zwei Nadeln, die eine in der Richtung von der Brust zur linken Schulter, die andere in der Richtung von der Brust gegen den Rücken; in eben diesen Richtungen aber empfand ich die allerbittersten Schmerzen, obwohl ich auch sonst am ganzen Leibe von Leiden geplagt wurde, wie auch das Wachsbild nach allen Seiten durchstochen war. Auch wurden unter der Türschwelle zwei Tuchstücke gefunden; in dem einen derselben waren verschiedene Arten von Samen eingeschlossen, in beiden Holzstücke, die vom Galgen abgeschnitten waren, Knochen von den Füßen ungetaufter Knaben (puerorum), Haare und Fäden, die aus Altarzierden gezogen waren, sowie manches andere[2]).“

14. BILDZAUBER.

(Siehe 2, 13, 16, 60.)

Archiv des Kärtner Geschichtsvereins, Klagenfurt, 378 XXVII—5—38/28 1493.

Prozeß gegen die drei Wolfsberger Bürgerfrauen Christina Trünkhlin, Barbara Öslin und Wolfin wegen Teufelsbund und zauberischer Mordanschläge gegen den Schloßherrn Wolfgang Payner[3]).

Aus der Urgicht der Christina Trünkhlin vom Pfinztag vor dem Sonntag Judica 1493 (21. März):

„. . . Da sie nu bei einander gew(esen) sein, da sind sie überains worden und habent daselbs in stuben ain wäxsn mändl gemacht und dan mit vil nadln am leib under sich angestek(ht). Da hab dy Trünkhlın derselbn nadl drei, dy bei dem herzen des mändl gestekht sein, widerumb auszogen, wan sy daßselbig mändl dem edln und vesten Wolffgang Payner zu verderblichen schaden seins leibs und guts gemacht hetn, er noch lenger bei dem leben peleibn soll.

---

[1]) Sowohl menschliche Exkremente wie Leichenteile neugeborener (oder aus dem Leibe der Mutter geschnittener) Kinder spielen in der Zaubermedizin eine große Rolle. Pillen aus den Exkrementen des Großlama werden z. B. bei den Tibetanern sehr geschätzt (Seligmann, S. 49; vgl. Hovorka-Kronfeld I, S. 246ff.). Vgl. auch Blau, S. 161ff., Strack, S. 58. Daß Leichenteile von kleinen Kindern zu den verschiedensten Glückstalismanen verwendet wurden, daß man sogar vielfach schwangere Frauen tötete, um dadurch solche Talismane zu gewinnen, ist bei den Verbrecherbanden des 17. und 18. Jahrhunderts eine überaus häufige Erscheinung (vgl. Byloff, Blutgenossenschaft, und die daselbst angezogene Literatur, dazu Strack, S. 53). Vgl. Bargheer.

[2]) Vgl. Mall. mal., p. II, qu. 1, cap. 5, 11, 12.

[3]) Veröffentlicht von Hauser, Carinthia 1881, S. 118—120.

Item darnach hat dy Trünkhlin bekent, daß sy all drei yede ain aigen teufl hab, der Trünklin teufl genant Welland Dreistain[1]), der Wolffin teufl genant Tillian und der Öslin (scil. Teufel) haist der Pfabennswanz[2]).

Item dy Trünkhlin h(at be)kant, daß sy all dasselbig wäxsn mändl in ein khamer tragen habent, darzu hab dy Öslin ain wasser ab ain pach[3]) bracht und habent das wasser mit namen irer teufl gesegent und alsdan hat ir yede das mändl in ir yetweder teuffels namen tawfft und habent das mändl Wolffgang genant.

Item auch hat dy Trünklin bekant alsofft ir aine ain nadl in das wäxsn mändl gestekht habent, hatt ir yede darzu gesprochen, der Wolfgang Payner sol am leib und guet verderben und abnemen.

Item darnach hat dieselbig Trünklin mer bekant, eeund sy das mändl gemacht, mit nadln angestekht und getawfft habent, hat ir yede gotes und unser lieben fraun verlaugent und den cristennlichen glawben widersagt und ir yede gesprochen: Die heillige marter unsers herrn (un) won mir nit bei, dyweil ich mit der kunst umb gee. Das habent sy alles getan zu verderben und schaden dem Wolffgang Payner.

Item so hat dy Trünkhlin aber bekhant, sy hab dy Wolffin darnach ermant und gefragt, wo man das wäxsen mändl hab eingraben. Hatt sy ir geantwurt, der Wolff und der Walthasar habent das bei des Wolffgang Payner gslos vor der awßristen prugken eingraben, daselbs lig es noch."

15. ZAUBERISCHES BLINDMACHEN.

(Siehe 6.)

St. L. A. Sond.-Arch. Stubenberg, Schub. 76, Heft 403. Urgicht des Erhard Tunsch (?) 1513.

Am Montag vor Sankt Gilgentag „der wenigeren zall 13" *(29. August 1513) wird der Mörder, Zauberer und Dieb Erhard Tunsch durch den Marktrichter Cristoph Mostberger von Kapfenberg vernommen. Aus der Urgicht:*

„Item mir hat er bekant, das er zu dem Gotthart Hackhenschmid zu Kindperg ainen pössn neid gehabt hab, und hat nit gewest, wie er sich rechen sol unredlich. Vor 20 jarn hat er an einem rumb[4]) abschneiden gelerret, mit derselbig kunst und zawberey hat er den vorgenanten Gotthart Hackhenschmid von Kindberg umb sein gesicht pracht[5]), des er sych selbst perimt het, darauff hat man in angenomen."

16. BILDZAUBER.

(Siehe 2, 13, 14, 60.)

Archiv der Stadt Wiener-Neustadt, Jg. 33a, 1528.

Zaubereiprozeß des Stadtgerichtes Wiener-Neustadt gegen Anna Pflieger wegen Zauberei.

Bekenntnis der Beschuldigten aus dem Jahre 1528 (zitiert nach Josef Mayer, III. Bd., S. 138):

[1]) Interessant der Name Weland für den Teufel (vgl. hierzu die Belegstellen bei Grimm, Deutsche Mythologie, Bd. III, S. 293).

[2]) = Pfauenschwanz, mitunter auch Bezeichnung für Komet.

[3]) Das heißt, wie auch aus einer späteren Stelle hervorgeht, ein talab geschöpftes Wasser.

[4]) Der Schriftbefund ist zweifelhaft. „Rumb" heißt Baumrinde und gibt einen Sinn. Es könnte aber auch „pumb" heißen und eine Verschreibung für „paumb" sein.

[5]) Zweifellos eine Form des Analogiezaubers (vgl. Eckstein, Art. „abschneiden, Abgeschnittenes" im Hdwtb. d. d. A. I, S. 100ff.).

Die Beschuldigte hat den Tod von mehreren Personen herbeigeführt:

„Durch ein Wasser, das sie aus Kröten und Eidechsen herstellte. Dann habe sie ein Bild derselben Person angefertigt und in deren Wohnung, Keller od. dgl. gelegt."

17. TOTZAUBERN DURCH FRIEDHOFSERDE, LEICHENTEILE UND GRABTÜCHER.

(Siehe 7, 59.)

Archiv der Stadt Wiener-Neustadt 1562.

Zaubereiprozeß des Stadtgerichtes Wiener-Neustadt gegen den Totengräber Rupert Schlemer.

Aus dem peinlichen Bekenntnisse des Beschuldigten vom 10. März 1562 (zitiert nach Josef Mayer, III. Bd., S. 139):

„Der Totengräber von Baden habe ihm im vorigen Jahre gelernt, daß er Erdreich von den Gräbern nehmen, es in die Gätter des Friedhofs stellen, auf den Kirchsteigen und in den Gassen ausstreuen solle, „„damit das ehrlich sterben soll"". Vor etwa acht Wochen habe er ein beerdigtes, noch wenig verwestes Knäblein ausgegraben; dieses Kind habe er mit Haupt und Gliedern gesotten, einen Weihbrunnen daraus gemacht und dies in der Kirchengatter, auf die Kirchensteige, in die Kirche und in die Gassen gesprengt, wo er das Erdreich ausgestreut. Auch die Leichen habe er mit dem Wasser eingespritzt, dasselbe auch im Friedhofe an der Mauer gegenüber dem Bischofshofe ausgegossen. Seine Frau habe um alles gewußt und den Knaben selbst gesotten. Auch diese Sache habe ihm der Totengräber von Baden gelernt. Er habe Übertane von den Toten weggenommen und verkauft; von einem habe er einen Zipfel abgeschnitten und denselben einer Frau gegeben, um damit eine Krankheit derselben zu vertreiben[1])."

18. FALSCHE ALRAUNWURZELN.

(Siehe 11, 22, 51.)

Archiv der Stadt Wiener-Neustadt, Nr. 55/4, 1571.

„Ein Ehepaar von Hartberg hat im Jahre 1571 aus Armut und über Anreizung des bösen Feindes aus Rüben Sachen gemacht, die den Alraunen gleich sahen, und hat dieselben auch als Alraunen verkauft[2])."

(Zitiert nach Josef Mayer, III. Bd., S. 139.)

19. DIE KRÖTE ALS ZAUBER- UND SEELENTIER.

St. L. A. Polizeiwesen, 12. Juni 1580[3]). *Bericht des steirischen Landprofosen Jakob Bithner an die Landschaft über die Vorgänge bei der am 20. Mai 1580 in Arnfels erfolgten Verbrennung der „Butterhexe" Barbara Striglin.*

„Als sy ungefehr ein stund brunnen, ist sie jederzeit lebendiger im feuer gesehen worden, und soll aus dem scheiterhaufen heraus wie ein fogl geflohen sein,

[1]) Friedhofserde ist gleichmäßig als Glückszauber wie als Mittel zur zauberischen Schadenstiftung brauchbar (Wuttke, S. 136, 368, 454, 744). Über die Bedeutung des Sprengwassers aus der gekochten Kindesleiche siehe Wuttke, S. 134, 614.

[2]) Sollte die Fälschung nicht durch die rote Zaunrübe (Bryonia dioeca L.) bewirkt worden sein? Diese wurde früher vielfach, zufolge einer gewissen Ähnlichkeit der Wurzel mit jener der echten Mandragora, dazu benutzt, um falsche Alraunwurzeln zu verfertigen und um teures Geld zu verkaufen. Die steirischen Landprofosen haben nach Akten im St. L. A. wiederholt fahrenden Leuten solche falsche Alraunwurzeln abgenommen (vgl. übrigens die Nachweise bei Marzell, Kräuterbuch, S. 330).

[3]) Abgedruckt bei J. v. Zahn, Miszellen, S. 179.

und wie es auf die erd khommen, sollen die paurn sambt etlichen geistlichen, so dabei gewest, dem freyman etwas gezaigt haben, was das sey, indem er einer wider die natur großen khrotten[1]) wargenommen, die fast aufgerichter dem wasser zugeeilt. Wie der freyman die gesehen, hat er drey wasen fur ir ausgestochen[2]), die sich alsbald gegen im zurückgewendt, und wie er mit der hackhen auf sy hauen wöllen, hab die khrot wie ein mensch gewinselt, und den khopf gezuckht. Den andern hieb hat er ir den halben khopf abgehauen, gleichfals ein vorder und hinder pratzen, darzu ein straich auf den ruckhen geben, volgends die khrot mit der hackhen ins feur geworfen. Darnach er etlich, so dabei gewest, angesprochen, die im geholfen, das feur zuwerfen und den cörper herausziehen, an dem er diselben streich, welche er der khroten geben, befunden, und ir khlaider, die si angehabt, gleichfals, die nachmals auf der tratten ausser des scheiterhaufen verbrunnen, den cörper er volgends zerstuckt und gar verbrent."

20. WETTERZAUBER.

(Siehe 21, 22, 26, 33, 34, 38, 43, 44, 46.)

St. L. A. Sond.-Arch. Stubenberg, Fasc. 76 (Gerichtswesen), Heft 403. Gerichtsprotokoll der Landgerichtsherrschaft Wurmberg 1585.

Aus dem gütlichen und hernach peinlichen Verhör mit Margarethe Wilhalbm Schuesterin (Feber 1585[3]):

„Mer sy Sabotnickhin und die anndern mitgespillin[4]) sein mitgeflogen, die federn, so man die Hüenner an Vaschanngtag hären thuet, und drey stain auß dem pächlein bey Guetenhag in Aichach sambt dem wasser zu irer khunst gebraucht und darüber dise wort: vor auß, und nindt an auf die weite strassen do die weegschaidt sein[5]), geredt, darnach sein sy und der schwarz Cäsperl[6]) auf ain khruekhen[7]) gesessen unnd drey mannspersonen vorn geflogen. Alsdann hab sich das schaurigs wether alspalt erregt."

21. WETTERZAUBER.

(Siehe 20, 22, 26, 33, 34, 38, 43, 44, 46.)

Kärntner Landesarchiv. Archiv der Herrschaft Gmünd, Nr. 44/XXIII, 1591. Zaubereiprozeß des Landgerichtes Biberstein (Himmelberg) gegen Margareta, des Mertl an der Lapien Ehewirtin wegen Wettermachen[8]).

---

[1]) Die Kröte ist im Vorstellungskreis des Zauberglaubens sehr häufig als Teufels- und Zaubertier nachweisbar. Unter anderem nimmt der Hausteufel häufig Krötengestalt an; am Hexensabbath werden Kröten mit der mitgebrachten Hostie gefüttert usw. Im vorliegenden Falle scheint die etwas verzerrte Vorstellung vom Seelentier, die u. a. in Tirol dazu geführt hat, im Allerseelenglauben in der Kröte das Wohntier armer Seelen zu sehen, mitzuspielen; die Seele der verbrannten Zauberin sucht zuerst in Vogel-, dann in Krötengestalt zu entrinnen (vgl. E. H. Meyer, S. 80; Wuttke, S. 117; Frazer, S. 264ff.; Hovorka-Kronfeld I, S. 260ff.).

[2]) Die drei Rasenschollen, die die Flucht der Kröte verhindern sollen, beruhen auf der Vorstellung von der Schutzwirkung des Rasens vor Hexen. Vgl. übrigens Wuttke, S. 100 („Rasen ist ein Schutz gegen Hexen"), S. 258 (wenn man den Hexenflug sehen will, muß man sich mit einem Rasenstück am Kopfe schützen), S. 259 u. a. Zur rechtshistorischen Stellung der Rasenscholle vgl. Schröder-v. Künßberg, 304^{43}, 306^{52}; Rasengang: ebenda 73^{50}, 1023.

[3]) Bestandteil eines größeren Zaubereiprozesses, der wieder (wie häufig) aus vorausgegangenen Zaubereiprozessen in Wurmberg und Gutenhag entstanden ist.

[4]) Technischer Ausdruck für Teilnehmerin an den Hexenflügen.

[5]) In zahlreichen Abweichungen sehr verbreiteter Hexenspruch, der älteste Beleg für dessen Vorkommen in Steiermark (vgl. Soldan-Heppe-Bauer I, S. 534). 1510 in Tirol überliefert.

[6]) Name des Teufels. [7]) Ofenkrücke.

[8]) Behandelt von Jaksch, S. 7ff., angezeigt von Wutte, S. 44.

Aus dem gütlichen Verhör der Margareta vom 2. Oktober 1591 durch Hanns Halfinger, Pfleger der Herrschaft Biberstein:

„... vor zwayen jaren nit das grosse (scil. Hagelwetter), sonder das negst hernach, so durch die Gnessa[1]) heraußganngen, hat sy und ire mitgesöllin hiob[2]) gemacht, unnd haben sich aldrei im anfanng gar ploß in der Gurggen[3]) padt unnd das wasser dreimal über sich selbst gossen unnd ire gesöllin, haben auch pain dazumal vergraben unnd sei daraus ervolgt ain wetter mit schnee unnd schauer[4])."

22. BESESSENHEITSZAUBER, WETTERBESCHWÖRUNG, DIEBZAUBER, HIMMELBRIEFE, SCHLOSSZAUBER, SCHLAFZAUBER, GALGENMÄNNLEIN, GALGENHOLZ, GALGENKETTE, SCHLANGENBANN.

(Siehe 11, 18, 51; 13, 45; 20, 21, 26, 33, 34, 38, 43, 44, 46, 52, 53.)

Fürstbischöfliches Hofarchiv Brixen 1595.

Zaubereiprozeß gegen Christoph Gostner, Rotschneider und Wirt in Sexten vor dem Gerichte in Heimfels bei Sillian im Pustertale.

Aus dem Verhör der Beschuldigten am 21. Juni 1595 (mitgeteilt nach der Darstellung von Hartmann Ammann, Die Hexenprozesse im Fürstentum Brixen, S. 82ff., 144ff. und 227ff.):

Antwort auf die Frage, welches Mittel er bei Besessenen zur Heilung verwendet habe:

„Er zeigt an, das er von einem hechten das hertz und die leber genomen und die beseßne leuth, so bese geister bei ihnen gehabt, damit geraucht und ein kholschwartze henne mitten von einander gerissen und auff den kopf gelegt und darzu genomen gewürtz, nagelen, zimmet, muscatblüe, muscatnussen und solches alles zu bülffer gestoßen und eingeben, so das hirn gesterckht und seien die bese geister von solchen außgetriben worden ..."

Antwort auf die Frage nach der Art des sogenannten „Wetterwehrens":

„Zeigt an, er khünne nit wissen, wie offt er gewert, allein wan (er) das wetter also dickh und schwartz habe gesehen daher gehn, hab er gewerth als meist er hab khundt und gemacht und dasselbig wider zurücklich und hinderisch getrieben auff das höchste gebürg, da khein han kräth, kein mader meet, da khein ox lieet[5]), da khein pluemb blieet, das es niemandt kheinen schaden thuet, und wie er vermein, so werde der schaur gleich zu wasser."

Antwort auf die Frage, was er zur Wiederverschaffung gestohlenen Gutes gebraucht habe:

„Was er darzu braucht, das sei das; er sei in ein stal gangen und gegen den morgen nider knieet und gesagt: O Herr Jesu Christ, ich knie auff disen mist, schickh du dem dieb, ders gestolen hat, der besisten teufel drei, der erst zwing dich, der ander dring dich, der drit gehe dir in deine schuech, das dir dieb so wundt und wee sei mit dem gestolenen guet, alß deiner mutter ist gewesen, da sie dich hat bracht auff disen erdboden mit ihren krachenden lenden und henden, also lendt[6])

[1]) Gnesau.

[2]) Die Blandl Pürschtenmacherin und die Gredl.

[3]) Der Fluß Gurk.

[4]) Das Baden und das Werfen von Badewasser in die Luft als Wetterzauber ist eine in den Alpenländern überaus häufige Form des Analogiezaubers (similia similibus!) (vgl. Wuttke, S. 93; Grimm, S. 493ff.; für außereuropäische Länder Frazer, S. 101). Vgl. übrigens G. Gesemann.

[5]) Dial. wiederholt brüllen. [6]) Dial. = zwingen.

ich dich, das du also muest herwider bringen in namen gottes vatters, sonns und deß heiligen geistes[1]).“

Aus dem „Inventar“ über die Zauberbücher und -zettel des Beschuldigten vom 4. Juli 1595:

„Nr. 23. Item ein alts buechel, ist vor im eingang begriffen der brieff[2]), so vom himmel khomen, item mehr hernach khünstlen, so da ist, wan einer ein naterzung nimbt und last zehen messen darüber lesen und nimbts hernach in den mund und blost sie in das schloß, so geet es auff; ittem wan einer ein feder von einer haustauben aus der lingen flügel nimbt und hengt sie an ein roten seiden faden und hengts an das haus, so mag niemand erwachen ...

Nr. 58. In ainem papir zusamengebunden fünf galgenmandler[3]), und ist bei einem ieden ein kreitzer gebunden, so zuvor in ein öl lamben in kirchen geworffen und wider heraus genomen worden sein sollen.

Nr. 63. In ainem gestrickhten sackl ain kuglete cristallen oder prilenstein zu nechstbeschribner beschwerung gehörig, sagt, hab die wol einmal gebraucht, darinnen nichts gesehen oder ausgericht; in ainem söckhel ein dreieggete cristallen, so uhngever einer spang lang sein möchte, sagt, hab die einmol probirt, aber nichts ausgerichtet und nicht gebraucht, und dan ein glid von einer keten, ob zuvermueten, das es ein kettin von einem galgen sei, soll gut sein, sporen daraus zu machen, gehn die roß gestrackhs, und in einem kleinen söckhele etliche würmb[4]), gradt von denen würmen[5]), so er selbst gepannt und seindt deß die wort: Osia, osia, osia, du schalckhafftige schlang, stehe still, wie der Jordan stuend, da S. Joannes unseren lieben herren getaufft hat in namen Gottes vatters, sohns und heiligen geists. Ain strickhl, daran einer gehangen, so der Maurer zu Ollang hergebracht; mehr ein kreiterbuch, sagt, hab es wohl gebraucht, den kreuteren darinnen nachzusuechen.“

Aus dem Verhör des Beschuldigten vom 7. Juli 1595:

Antwort auf die Frage, ob er „kheine galgenmandler oder weibeler“ *gesehen, gehabt oder gebraucht habe:*

„Galgenmandler hab er nie kheins gehabt ... — ...; aber sigwurtz[5]) hab sein vatter bei sechs baren in einer scätel hinder sein verlassen, hab er drei baar darvon herausgenomen und in ein altes papir eingewickhlet und in der truchen ligendt und soll farbensamen[6]), auch ein pfennig oder kreutzer darbei gebunden und mit roter seiden, viel goldt und etwaß solliches umbunden sein ...“

Antwort auf die Frage, ob er nichts vom Galgen genommen:

„... hab von der seit mit der wehr[7]) schaidtelen herab gehackht und dieselben in die betstat gelegt, daß man kainer wantzen mehr darinnen gespürth;

---

[1]) Der Anfang dieser Zauberformel klingt an die in vielen Zaubereiprozessen vorkommende Verleugnungsformel an: „Ich stehe auf diesem Mist und verleugne unseren Herrn Jesum Christ“ usw. (vgl. Soldan-Heppe-Bauer I, S. 274).

[2]) Offenbar einer der bekannten, noch im Weltkriege vorgekommenen Himmelbriefe zum „Festmachen“. Vgl. H. Bächtold, Deutscher Soldatenbrauch und Soldatenglaube (1917) S. 17 ff.

[3]) Das Galgenmännlein ist die Alraunwurzel, die nach der Volksmeinung unter dem Galgen aus dem Samenabgang Gehängter entstand. Die echte Alraunwurzel (Mandragora) wurde vielfach (hier mit Siegwurz [Gladiolus communis L.], so genannt, weil sie nach dem Volksglauben durch Unverwundbarmachen Sieg verlieh) verfälscht (Marzell, Hdwtb. d. d. A., Art. „Alraun“).

[4]) Schlangen.

[5]) Siehe Anm. 3. Der beigebundene Kreuzer ist der Heckpfennig.

[6]) Farnkrautsamen, ein ungemein häufig verwendetes volkstümliches Zauber- und Heilmittel (Marzell, Pflanzen im deutschen Volksleben, S. 25 ff.; Hovorka-Kronfeld I, S. 129).

[7]) Seitenwaffe.

ittem eisen von einer ketten, daran einer gehangen hab, und wan einer ain znichts roß hab, soll er sporen daraß lassen machen, so gehe solches roß von stat . . ."

Äußerung des Beschuldigten über den Zweck einiger Zettel, die bei ihm gefunden worden sind:

„. . . auff einem ledigen papier mit blut ahngestrichen, so von einem wüelschör[1]) sein, und wan man dessen einem khündt, so das vergicht[2]) hat, under den bloßen khopff legt, soll es vergeen . . ."

Aus dem Verhör des Beschuldigten vom 10. Juli 1595:

Äußerung des Beschuldigten über die „Galgenmandler":

„Sein sigwurtzen[3]), aber in dem inventari sein sie galgenmandler beschriben worden, sind glückhsamb bei sich zu tragen, wie vor einkhomen; darbei ist farbensamb[4]), ain kreutzer, ain waitzkerndl und ein pfefferkerndl gebunden, so des farbensamen[4]) speiß ist[5])."

23. ZAUBER GEGEN TRUNKENHEIT.

Fürstbischöfl. Hofarchiv Brixen, Nr. 3683, 1596/97.

Zaubereiprozeß gegen Anna Hartmannin aus Sillian vor dem Gericht in Heimfels bei Sillian im Pustertale.

Aus dem Verhör der Beschuldigten am 18. Juli 1597 (mitgeteilt nach der Darstellung von Hartmann Ammann, Hexenprozesse im Fürstentum Brixen, S. 81ff.):

„Auf die . . . Frage, daß sie eine Nadel zu erlangen gesucht hätte, mit der eine Leiche eingenäht worden wäre, erklärte die Hartmannin, sie habe eine solche von der Veleichpeckin, deren Mann gestorben war, verlangt, aber nicht erhalten; man habe ihr nämlich gesagt, wenn sie mit einer solchen Nadel drei Stiche in das Gewand ihres Mannes mache, so werde dies dagegen helfen, daß dieser sich so oft betrinke und sie „„grob halte"" . . . Sie gestand, daß sie einen Zahn (aus einem Totenkopfe auf dem Friedhof) mitgenommen habe, und zwar darum, weil ihr Mann allzeit betrunken sei und sie durchaus „„schmal halte""; sie habe den Zahn zu Pulver zerrieben und so ihrem Manne im Wein eingegeben . . .[6])."

24. VIEHANSPRECHEN (VIEHSEGEN).

Archiv des Kärtner Geschichtsvereins, Archiv der Stadt Gmünd, Fasz. XVIII, Nr. 137, 1600.

Prozeß des Landgerichts Gmünd gegen Magdalena Waichlerin wegen Zauberei[7]).

Aus deren gütlichem Verhör vom 11. November 1600 durch Hans Preisl, Landrichter der Herrschaft Gmünd:

---

[1]) Maulwurf (vgl. über die Heilwirkung des Maulwurfblutes Wuttke, S. 124, und Hovorka-Kronfeld I, S. 292).

[2]) Gliederreißen. Auch Epilepsie (Hovorka-Kronfeld I, S. 432, II, S. 213).

[3]) Siehe Anm. 4, S. 17.

[4]) Farnkrautsamen (siehe Anm. 6, S. 17).

[5]) Über den in diesen Verhören zum Ausdruck kommenden Aberglauben vgl. noch: Zauberwirkung von Hechtherz- und -leberräucherungen (Impotenz vertreibend) Hovorka-Kronfeld II, S. 164; als Epilepsiemittel ebendort S. 214 sowie das S. 12 zitierte Werk von Bargheer; schwarze Henne Wuttke, S. 118; Himmelsbriefe ebendort S. 178; Diebsbann Wuttke, S. 413ff.

[6]) Eine Form des Analogiezaubers; der Zahn soll die Trunksucht aufzehren! Übrigens ist der Glaube, daß man die Trunksucht mit Dingen heilen könne, die von Leichen stammen, sehr verbreitet (vgl. zahlreiche Nachweise bei Hovorka-Kronfeld II, S. 348ff.). Vielleicht handelt es sich hier um eine Ekeltherapie (vgl. auch Wuttke, S. 134, 359 und das Werk von Bargheer).

[7]) Behandelt bei Wutte, S. 44.

„. . . sie kun dem vieh aufsprechen und das hab sie than mit worten, wie volgt: Ich Madl[1]) wil dir aufsprechen. Bistu vermaint[2]) mit ainem bösen wort, so will ich dir helffen mit dreyen gueten worten; hat dich vermaint[2]) ain weib, so gelts iren leib; hat dich vermaint[2]) ain diern, so gelts ir hiern; hat dich vermaint[2]) ain knecht, so gelts sein schwerdt; hat dich vermaint[2]) ain man, so khumbs in selber wider an. Helff dir gott der vatter, gott der sohn und gott der heilig geist, so wirstu frisch und rain an all dein fleisch und pain. Und man mueß ain saltz in netzwasser[3]) darzue nemen, mit ainer pürstn drein tauchen, übers hiern[4]) hinder sich widern haar sprützen und das mues bei jeden 3mall beschechn, der segen auch als offt 3mal darzue gesprochn werden[5])."

25. ZUSAMMENSETZUNG DER HEXENSALBE.

Original und Kopie im St. L. A. und im Stiftsarchiv Admont[6])*, 1602.*

Aus dem „gütlichen Examen" *der wegen Zauberei vom Landgericht des Stifts St. Lambrecht am 31. Juli 1602 prozessierten 10—12jährigen Greschl, der Tochter des Thomas, Schusters von Teuffenbach:*

„Erchtag[7]), pfingstag[8]) und sambstag abent ist ir muetter unnd Dyonisi[9]) in die waiden ganngen, mit einannder geret unnd er hab ir ein todtenpain geben unnd gesagt, sy soll es zu stup stossen unnd ein salben machen zum außfaren, darzue soll sy nemben faulles holz, das bei der nacht scheinet, ein menschen harr, sauporsten, prunwaser, mel ein wennig, ein schmalz unnd ain oblet[10]), wann sy zum hochwierdigen sacrament get, sol sy es wider auß dem maul thuen, habs 2mall gethann."

26. REGENZAUBER.

(Siehe 20, 21, 22, 33, 34, 38, 43, 44, 46.)

Archiv des Kärtner Geschichtsvereins, Archiv der Herrschaft Gmünd, 117/c, Nr. 44/XXIII, 1603.

Prozeß des Landgerichts Gmünd gegen Luzia Neunegger und Hans Träxler wegen Wettermachen und Teufelsumgang[11]).

Aus dem gütlichen Verhör der Luzia Neuneggerin in der Nöring vom 27. Juni 1603:

„Am karfreytag negsthin hab sie an vier wegschaiden, als nemblichen beim undtern statthor alhie zu Gmünd, am Trettal püchl, bei der Nöringpruggen und in der Gämbßnitz, alles in der herrschafft Gmünd, erden auffgehebt, solliche erden beim Laimbkhoffl in der Nöring in pach alda geworffen, dreymall durch den pach hin und her gangen par fueße und mit der lincken handt hindterrueks solliche erden geworffen, nachvolgunde wort darzue gesprochen: So wahr ich diese erden in pach würff, als wahr soll die güß[12]) über des Ruepen Gamper gründt hergehen."

[1]) Magdalena.
[2]) = bezaubert.
[3]) = Harn. Vgl. über Harn und Salz als Heilmittel Seligmann, S. 279.
[4]) Stirne.
[5]) Vgl. die ganz ähnliche Viehsegenformel bei Wuttke, S. 174 (aus Thüringen): „Hat dich beschrien ein Mann, so komms ihm selber an; hat dich beschrien ein Weib, so fahrs ihr in den Leib; hat dich beschrien ein Knecht oder Dirn, so fahrs ihr ins Gehirn."
[6]) Abgedruckt bei Zahn, Geschichtsblätter III, S. 132ff.
[7]) Dienstag.
[8]) Donnerstag.
[9]) Name eines gleichzeitig prozessierten und hingerichteten Wettermachers von St. Lambrecht.
[10]) Oblate = Hostie, das nach dem Volksglauben Wirksamste (Wuttke, S. 140).
[11]) Behandelt von Jaksch, S. 9—15.
[12]) Gußregen.

Aus der Anzeige des Abraham Hilgartner vom 15. Juli 1603 gegen den Bettler Hans Träxler:

„Wie das er sambt seinen mitconsorten (folgen Namen von vier Gmünder Bäckengesellen) von der Khrembspruggen herauß zu der statt ganngen, alda auf gmainer lanntstrassen ainen armen menschen, der sich Hannß Träxler nene, antroffen, der mit sein stab reverendo in die khotlacken geschlagen, welliches sye alle wahrgenumen und solliches nit ohne sonderbahre ursach zu beschechnen vermuettet, darüber nicht allain umb sein thuen alda, auch umb angedeite bewögung der khotlackhen, waß darauß zuverstehen sey, angestanden und ernstlich zuegesprochen. Darauf gedachter Hannß inen bekhent, woll dem Steiger an der Lanngen, bei dem er verwichene nacht zu herbrig geweßt, ainen regen gemacht haben, damit er sein hey, dessen ain zimbliche anzall fueder auf der weit lig, nicht einbringen möge, und dises wehre der ursach halben, er im des abents und morgens zu schlecht mit essen tractiert, beschechen[1]."

27. FESTMACHEN.

(Siehe 28, 39, 53, 61.)

St. L. A. Sond.-Arch. Stubenberg, 76. Fasz. (Gerichtswesen 1513—1769). Verhörsprotokoll der Herrschaft Frauenburg 1609.

Bastl Vöst aus Kirchdorf in Oberösterreich, seines Handwerks ein Sensenschmied, seit acht Jahren Soldat, sagt am 19. Januar 1609 im Zuge seines gütlichen und peinlichen Verhörs vor dem Pfleger und Landgerichtsverwalter von Frauenburg (oberes Murtal bei Unzmarkt) u. a. aus:

„Mehr sagt das er Johannessamb[2]) und tottenmueß[3]) der gefrornen weiß halber willens gewest in sich zuverheillen, aber solliches noch nit ins werckh gericht habe."

28. FESTMACHEN DURCH BLUTKRAUT UND ERSTES MENSTRUALBLUT.

(Siehe 27, 39, 53, 61.)

St. L. A. Sond.-Arch. Aussee, Schub. 193, 1611. Strafprozeß gegen den Mühljungen Mathias Schalckh wegen Zauberei.

Aus dem gütlichen Verhör des Beschuldigten vom 1. August 1611:

(Der messelesende Priester in der Spitalskirche in Aussee hat unter dem Altartuch einen kleinen Beutel entdeckt, der ein grünes Kraut und ein blutiges Leinenläppchen enthielt. Diesen Beutel hat der Meßner auf Anstiften des Mathias Schalckh unter die Altardecke geschoben, damit darüber Messen gelesen würden. Der Beschuldigte gesteht, das Kraut von einem Holzknecht in Vordernberg zum Zwecke des Festmachens erhalten zu haben.)

„Volgents hette ime besagter holzknecht dises khraut (darumben er ime nichts geben düerffen) zuegestelt mit vermeltn, wann er drey mössen darüber lesen lasse, im sodann khein waffen schneiden, sondern leib und lebens sicher

---

[1]) Auch diese Arten des Regenmachens sind Analogiezauber. Im ersteren Falle kommt noch der Karfreitagszauber und der Kreuzwegzauber hinzu (Wuttke, S. 73, 89; vgl. Sartori II, S. 71, 92, III, S. 200). Vgl. die auf S. 16 zitierte Studie von Gesemann über Regenzauber!

[2]) Das ist Farnkrautsamen. Vgl. Zingerle, Johannissegen und Gertrudenminne, S. 214 (mit zahlreichen Belegen über die Zauberkraft des Johannessamens, darunter auch das Festmachen).

[3]) Moos, welches auf Sargbrettern oder Totenknochen (namentlich den auf das Hochgericht gesteckten Schädeln Gerichteter) wächst. Ebenfalls eine zu manchem Zauber verwendete Droge! (Hovorka-Kronfeld II, S. 845.)

sein solle. Hab er ja den sachen auß unverstanndt alda zu Aussee nach gestölt, den mösner (der gleich sowol alß er selbsten ainfeltig) unbedachtiger weiß beredt, die sach, so es auf den altar braht, zuegestelt, das sy beide hierüber durh den priester offenbar worden ...

Das grüene khreutl soll pluetkhraut[1]) heißen.

Sovil aber das cleine bluettige leinen tuehel belangt, hab ime Schalckh solches dorttn im verschinnen laintsing[2]) Veithen Gainsterers stieftochter, deren namben ime nit bewüst, an der strassen (die reverendto zu melten ir erste plodigkheit nit lengst gehabt und eben gleich füer schedtigung der waffen guet sein solle) zuegestelt[3])."

29. BAHRRECHT.

(Siehe 1, 37.)

Regierungsarchiv Innsbruck, Handsch. Nr. 2073 (Landgerichtsprotokoll von Villanders), 1613.

Kaspar Löderman ist bei einer im landesfürstlichen Zollhof zu Villanders stattgehabten Rauferei durch einen Prügelschlag über den Kopf vom Fuhrmann Martin Holzer verletzt worden und einige Stunden darnach gestorben. Der Täter ist flüchtig.

„Hierüber und ungeacht sollich sein täters gethonen wich[4]) warde dannoch nach rath und erkhandtnus obbenannter beysitzer ime dem täter durch den gerichtsdiener zum ersten, andern und dritten mal offenlich gerüefft, ob er oder yemand von seinendwegen verhanden, gegenwürtigem parrechten wie sich gebürt beyzuwonen, das derselb herfür steen soll und möge. Aber weder er täter noch yemand von seinentwegen über gebürlichs warten nit erschinen. Darauf ernennter herr richter von oberkhait wegen den dreyen durch die stattgerichtsoberkhait zu Clausen über gevolgtes ersuechen hierzue verschaffnen maistern deß pader- und palbiererhandtwerchs, namens Caspar Nußpämer, Balthasar Ploner und Cristoff Koler, all drey zu angedeutem Clausen wonend, bei iren aid und pflichten, darmit sy selbig irer oberkhait zuegethon, wie sich gebürt zuegesprochen, ob entleibter Lederman von angezaigtem empfangnen schaden todts verschieden sey oder nit, weliche maister alsdann nach aigentlicher besicht- und pfächtung[5]) des schadens vor herrn richter und beysitzer ainhellig offenlich antzaigt und bekhendt, das sy am todten cörpl an der hürnschal ain wöz[6]) (darrin man drei zwerche finger legen mügen) befunden, die sy an dato aufgeschniten und gesehen das ermelte hürnschal gar eingeschlagen und sambt dem hürn eröffnet (wie dann von angedeutem hürn schon zur nasen heraus geflossen) also dem entleibten nit mer zuhelffen geweßt, sonnder er hierdurch sein leben enden und mit dem todt beschließen müessen[7])."

---

[1]) Benennung für verschiedene Pflanzen, hier wahrscheinlich das Schöllkraut (Chelidonium maius L.) (vgl. Marzell, Alte Heilkräuter, S. 25ff.). [2]) Lenz, Frühling.

[3]) Menstrualblut ist ein volkskundlich viel verwendetes Heil- und Zaubermittel (Wuttke, S. 345, 365ff.; Hovorka-Kronfeld II, S. 147, 171, und an zahlreichen anderen Stellen).

[4]) Weichen = Flucht. [5]) Pfächtung, Subst. von pfächten = untersuchen.

[6]) Wunde, offene Stelle.

[7]) Das Interessante an dem hier dargestellten Rechtsbrauch besteht darin, daß die alte Bahrprobe, die noch geübt werden soll und die hier durch die Flucht des Täters vereitelt wird, durch die Leichenöffnung ersetzt wird; an Stelle des alten formalen Beweises ein materielles Beweismittel. Die Bahrprobe wurde schon in früherer Zeit vielfach als haltloser Aberglaube abgelehnt. Vgl. etwa, allerdings später, Frölich v. Frölichsburg, S. 17ff., der erzählt, ihm selbst sei es passiert, daß die Wunden seines erschlagenen Freundes geblutet hätten, als er an die Bahre trat. Vgl. Schröder-v. Künßberg, Rechtsgeschichte[6], Register s. v. „Bahrgericht, Bahrprobe" und die an den dort angegebenen Stellen verzeichnete Literatur! Ferner Heckscher, S. 357f. (Literatur!)

30. VIEH- UND MILCHZAUBER.

(Siehe 10, 34, 48, 54, 63, 70.)

Original und Kopie im St. L. A. und im Stiftsarchiv Admont[1]) *1614.*

Aus dem güt- und peinlichen Bekenntnis des am 18. August 1614 vom Landgericht des Stifts St. Lambrecht gerichteten Viehhalters Marx Schöpfer:

„Mer sagt unnd bekhenndt, das er von einer prentlerin[2]) wölichen namen er nit waiß, gelernet habe, wenn die khüe nit khendten zum stier zuekhummen, so soll man die stuben 9mal khörn unnd daselbige khörach durchsähen unnd denselbigen khüen unnder das gleckh[3]) geben, so wurden die khüe alspaldt trägendt.

Mer sagt unnd bekhenndt, das er auch denen khüen die tritt außgestochen unnd dießelben der obbemelten prentlerin, alda er neben ir zu Hinteregg auf der albm gehalten, zuetragen, solche tritt hab sy zu der zauberey gebraucht.

Mer sagt, das diese prentlerin zween frösch an ainer stangen gehenckht, alßdann dervon gemolchen unnd dardurch den andern khüen die milch enntzogen[4])."

31. WOLFSEGEN.

(Siehe 32, 41, 53, 63, 64.)

St. L. A. Polizeiakten 1615. Beilagen von Landprofosenberichten. Die nachfolgenden zwei Wolfsegen sind Landstreichern abgenommen worden, und zwar der unter a dem Paul Muck, der unter b dem Hans Hofstetter[5]).

a.

„In gottes namen tritte ich herein, gott behüete euere rinder und schwein, gott behüet euch eure haus und euer hof, gott behüet euch eure treu und ehr, gott behüet euch euer leib und sel, also solt ir gesegnet sein, wie der h. opferwein, gleichwie das wahre himmelbrot, das gott seinen 12 jüngern geben hat. Wol an dem h. antlastag[6]) treiben wir hinaus durch alle engelhaws, durch alle engelthal, das mein gott behüet wol überall. Da kommet der heil sct. Petrus wol mit dem himmelschlüssel, er versperret allen wilden thieren den rüssel, dem wolf als der wölfin, dem bern als der berin, dem zauberer als der zauberin, ir hendt, ir füeß, ir mundt, ir schlundt, das sie euch dieses jar kein vieche nit bezaubern oder machen wundt, daß kein heutel reißt, daß kein peintel peißt, kein blut laß und kein armen mann aus euch nit mach, das helfe uns gott der vater, gott der sohn und gott der h. geist, amen."

b.

„In gottes namen tritte ich herein, gott behüt euch eure rinder und schwein, gott bewahr euch treu und ehr, gott bewahr euch leib und sel, also solt euer viech gesegnet sein, gleichwie der kelch und der h. opferwein, gleichwie das selig himmelbrot, das Jesus sein 12 jüngern gab, wol an dem h. antlastag[6]). Da kamen die falschen juden gegangen, sie namen den herrn Jesum Chriest gefangen, sie schlugen

---

[1]) Abgedruckt bei Zahn, Geschichtsblätter III, S. 136.

[2]) Sennerin. [3]) Grünfutter.

[4]) Über die Zauberkraft des Kehrichts vgl. Seligmann, S. 144ff.; über den Zauber mit der Fußspur, derselbe, S. 153ff.; über das zauberische Wegmelken fremder Milch, das sich hier in besonders origineller, anderswo nicht vorkommender Weise vollzieht, Wuttke, S. 158ff. Vgl. R. Froehner, Von Hexen und Viehverzauberung. Heft 7 der „Abhandlungen aus der Geschichte der Veterinärmedizin", 1925.

[5]) Abgedruckt bei Zahn, Miszellen, S. 440ff.

[6]) Normal Gründonnerstag, seltener Fronleichnamstag.

ihne wol an das creuz, sein gesicht und seinen part, der uns gesegnet (?) hat. Drei rücblcr[1]) pfening sein einem armen härter[2]) gewies. Sei gott gelobet herr Jesu Christ, amen[3])."

32. AUFLÖSUNG DES WOLFBANNES (WOLFSEGEN).

(Siehe 31, 41, 53, 63, 64.)

St. L. A. Sond.-Arch. Markt Aussee, Schub. 193, 1635.

Aus dem gütlichen Bekenntnisse des Wolfbanners Blasius Pürhinger von Bayrisch Waydhofen vom 14. Februar 1635 vor dem Forstmeister im Ennstal:

„Volgt die auflesung des panns.

Goridi[4]) ich hab dich ausgeschikht in den wildten waldt, das du kain pain nit peissen thuest, so kombt der h. St. Peter mit seinen schlüssel und vepandt dier deinen trüßl[5]) bis an die kugl[6]) das er loß werdt[7])."

33. REGENZAUBER. SCHLAFLICHT.

(Siehe 20, 21, 22, 26, 34, 38, 43, 44, 53.)

Kärntner Geschichtsverein in Klagenfurt, Sammelarchiv, Fasz. „Hexen", 1644.

Prozeß des Landgerichts Althofen gegen den sogenannten Zaubererhansl (Hans Winkler) und Genossen wegen Zauberei[8]).

Aus dem Verhör des mitbeschuldigten Bettlers Pongraz Summer vom 23. Juli 1644 durch den Pfleger von Althofen:

(Der Beschuldigte gibt an, daß ein Mitbeschuldigter, der „bloßschädlete Anderl", *ebenfalls ein Bettler, ihn angestiftet habe, ein Kind am Friedhofe auszugraben. Auf die Frage, wozu sie das Kind gebraucht hätten, gibt er an:)*

„Der Änderl näme die bayde henndt von dem khindt unnd macht auf jeden finger ein wax khörzen. Wan er will in einem hauß seinem fürnemben nach den dieppstall treiben, so zindtet er die khörzen an dem finger alle an, alßdann möge er daselbst seinem frumen[9]) schaffen unnd khönnde oder möchte, weill die khörzen brinen, im selben hauß niemants erwachen[10])."

---

[1]) Rüblerbatzen und -pfennige waren Salzburger Münzen des Erzbischofs Leonhard von Keutschach (1495—1518), genannt nach dem Gepräge einer Rübe, des Wappens des Erzbischofs (vgl. Schmeller II, S. 12). In Krain war die Bezeichnung Rübler (slov. reparje) noch im 19. Jahrhundert üblich.

[2]) = Hüter, Hirt.

[3]) Über die Bedeutung derartiger Segen, die noch stark an heidnische Besprechungs- und Beschwörungsformeln anklingen, vgl. Wuttke, S. 166. Der hl. Petrus, der auch sonst in Segen (z. B. Diebsegen) häufig erwähnt wird, ist beim „Maulverbinden" wegen seiner Binde- und Lösegewalt genannt. Vgl. auch die sehr alten Wolfsegen bei Fehrle, Zauber und Segen, S. 25, 32ff. Daselbst auch Wolfsegen mit Anrufung des hl. Petrus und dem Reim „himmelschlussel" und „drussel".

[4]) Name des Bannwolfes. (Alle Bannwölfe führen Hundenamen; Goridi muß somit ein in Bayern gewöhnlicher Hundename gewesen sein.)

[5]) mhd. = Schlund (vgl. unser Wort Drossel, erdrosseln).

[6]) Kehlkopf?

[7]) Über Wolfbannerei vgl. Byloff, Wolfbannerei; derselbe, Wolfbanner und Wolfbannereiprozesse in den österreichischen Alpenländern. Der Wolfsegen erscheint hier als Gegenmaßnahme gegen den Wolfbann. Vgl. auch Stück 31.

[8]) Behandelt von Hauser, S. 121—124.

[9]) frum = Vorteil.

[10]) Über das Schlaflicht vgl. Byloff, Blutgenossenschaft; Wuttke, S. 134. Von Frazer, S. 42ff., ist diese von ihm so genannte homöopathische oder imitative Magie auch für außereuropäische Länder nachgewiesen worden. Vgl. auch Hovorka-Kronfeld II, S. 537.

(Auf die Frage, wie er Regen mache, antwortet er:)

„Es hetten ime etliche leith und der Achatz Wusogger (?) bey Guettaring angelehrnet, er solle einen tottenkhopff nemben unnd demselben in einen wasserbrunnen legen. Dasselbige habe er volzogen. Darauf hab es des nachts darauf gerögnet. Nach dem werundten regen hette er den tottenkhopff wider herrauß genumben und in den freytthoff wider hinein getragen. Beynebens vermelt er auch, das der ernente Wusogger ime geheißen, er solle zwen stäber[1]) nemben unndt inß wasser schlagen unndt sagen: regen, regen, regen, darauf khäme der regen. Das habe er gethan undt ist beschehen, das es alsobaldt geregnet hat."

34. HEXENBRENNEN, WETTERABWEHRZAUBER, LIEBESZAUBER, REGEN- UND WINDZAUBER, TIERVERWANDLUNGSGLAUBE, GLÜCKSTALISMAN, LEICHENTEILE GERICHTETER ALS GLÜCKSTALISMAN.

(Siehe 3, 12, 13, 39, 57; 3, 4, 5, 8, 9, 12, 48, 55; 10, 30, 48, 54, 63, 70; 20, 21, 22, 26, 33, 38, 43, 44.)

Zaubereiprozeß des Landgerichts Rodeneck (bei Brixen) gegen Mathias Perger insgemein Lauterfresser 1645. Reg.-Arch. Innsbruck, Kunstsachen, II, 491. Veröffentlicht von Zingerle.

Aus dem Verhör (nach dem 11. Mai 1645) des Beschuldigten:

„Beim Freißinger in Peens haben sy von pfinßtag[2]) bis aufn monntag (doch außer des sonntags) an khibelen geschlagen, hat aber weillen sy geschlagen, nit dickh werden wöllen, sonndern ist albegen lauter bliben, wie ein schleglmilch[3]). Dariber er Mathäß Perger das khibele unter den tropfstall[4]) thonn und ein preßl von ainer aus der taff[5]) dergleichen gemachten sachen hineingethonn, luckh[6]) und scheiben[7]), das nicht darvon khomben, abgestrichen und darauf ainen eisen steckhen 2 mall glienneth gemacht unnd darmit hinein gefarn ins khibele, volgennd hab ers geschlagen, daraus woll schmalz worden ...

Es sey mer alls 20 jar, hab er sich bei ainer peyrin in Teffereggen befunden, daselbsten het sich ain weter yberzogen. Dariber erstgeherte peyrin ain crisambhembatle[8]) auf ain zaun gehenngt, für guet zu sein von wetter, das selbigs nit weiter zogen, gestalten es dann auch allso beschehen. Mann hab dergleichen glauben woll noch in Töldern[9]).

Freytags im somer sey nit guet waschen, dann wanns taundern thuet und mann ain solches hembat antragt, so an solchen freytag gewascht worden, hat sich selbige persohn von weter zu befirchten[10]) ...

Weiter hab er Mathias Perger von ainer diern gehert, so auch in den piechl, so ime der Jacob Gasser bei Sanct Andree geben, einkhomben, das wann ainer aine lieb hat unnd dieselb bekhumben will, soll mann ain labfrosch in ainen

---

[1]) = Stäbe. [2]) Donnerstag. [3]) Buttermilch.

[4]) Das Erdreich unter der Dachtraufe.

[5]) Taufe, also wahrscheinlich Tauföl oder Taufwasser.

[6]) Rahm. [7]) ? vielleicht Topfen.

[8]) Das Hemd, in welchem ein kleines Kind getauft worden ist, an dem daher nach dem Volksglauben das Tauföl haftet. Vgl. das Schlagwort „Chrisam" im Hdwtb. d. d. A. und Hovorka-Kronfeld I, S. 330, wo das Chrisamöl als „hexenvertreibendes Mittel" bezeichnet wird. [9]) Im Unterinntal.

[10]) Freitag ist nach christlicher Auffassung der Unglückstag (Wuttke, S. 61). Das Wäschewaschen am Freitag ist auch nach hessischem Volksglauben verboten (ebendort). Über Tagewählerei vgl. u. a. die Zusammenstellung bei Heckscher, S. 353 f.

gstätelen[1]), so lechlen hat, und dasselb in ainen ameshauffen thain und alspalden hinweckhlauffen, den 9 tag soll er allßdann widerumben darzue geen, volgenndt werden die ambesen den labfrosch verzert haben, biß an ain paindl, unnd an der ain seiten sey es wie ain haggele, ann der annder seiten aber wie ain gabele unnd die er lieb haben will, soll mann mit den plossen haggelen an der ploßen haut anrieren, die er aber nit haben will, soll mann auch mit den gabelen an der ploßen haut hinweckh schieben ...

Im obgeherten piechl sey auch dise khunßt begriffen, das wann ainer ain nadl, mit welcher man ainen todten mentschen einzubinden gebraucht hat, in ainem stoz[2]), albo ain menntsch (re.) prunzt, hinein thuet, so mag allßdann ain solcher mentsch die unzucht mit niemandt mer treiben. Wie er dann ainer peyrin die Pargerin auf Örschwanng lanndtgericht Michaelspurg, dern ehemann (so zur selbigen zeit beim Rainer daselbs zu Örscherwanng gehaust, aber seither verstorben) gepuelt hat, vor dem langen gelt jarn[3]) ain solche khunßt alls ain dergleichen nadl iren ehemann in (re.) prunzstoz[2]) zu legen, gelerneth habe, obs sy aber solches in werkh gestelt, wisse er nit.

Mer so ist auch in solchen piechl ain solche khunßt einkhomben, das wann ainer die (re.) schamb von ainer mannßpersohn, so an galgen hengt, haimblich heraus schneit und selbige ain wirth oder andern persohnn in ain wein henngen thuet, so miessen allßdann die gäst bei einen solchen wirth einkheren und zechen unnd khünen ungezechter nit fürgeen, unnd wie mer sy drinckhen, wie pesser inen der wein schmeckht ... Allß das khalte schneewetter anno 1639 (daselbs ain lange fastnacht gewesen) in der darauf gevolgten martterwochen den wein unnd das obs fast zum thaill zerfrert unnd verderbt, sey er Lauterfrösser damalls in selbiger marterwochen am weichenpfinßtag[4]) in Pennß gewest, da hab er die stuckh, so er damals zur hanndt bracht, alß erstens ain todtennadl weiberhaar, item khörkhott[5]) unnd solche schiffern, die von ain daimderstraich[6]) herkhomben, zugleich solche schiffern von ainer gloggen, albo der klachl anschlagt, volgendt dise 5 stuckh hab er genomen unnd in den pach genannt die Talffer am gemelten weichenpfinztag[4]) (daselbs es auch tanndert unnd geregnet) umb mittagzeit dergestalt unnd diser ursachen willen hineingeworffen, daß sein inntennt unnd mainung gewöst ist, daß ain grobs weter, welches den wein verderbt, khomben solle, des auch beschehen, unnd sey den volgennden tag darauf, als am heilligen carfreytag, winth unnd schnee umbeinannder ganngen, daß allßdann die weinreben und das obs gfroren worden ist ...

Wenn er hat wöllen ain wint machen, hab er ain rerl, so er noch hat, unnd ain todtennadl, auch ain aterzungen[7]) genomen und solche stuckh ins rerl gethon, volgendt darnach disse wort gesprochen, khumb, khumb osterwindt, der gegen taurn[8]) ist. Darauf es alßpalden wintig worden ...

Item als er Lauterfrösser in lannges ao. 1642 oder 43 (doch wiß er das aigentliche jar nit) in Lisen gegen Pach hineinganngen, sey er damalls zu ainen khalch-

---

1) Schachtel.

2) Gefäß.

3) Das ist vor 1619 (vgl. Luschin-Ebengreuth, Das lange Geld oder die Kipperzeit in Steiermark; derselbe, Allgemeine Münzkunde und Geldgeschichte, S. 233).

4) Gründonnerstag.

5) Stubenkehricht.

6) ? vielleicht Daunderstreich = Blitzschlag, also Späne von einem blitzgetroffenen Baum.

7) Natterzunge.

8) Tauern = Berg. Hier also der gegen den Berg von Osten („Oster" hat mit dem Osterfest nichts zu tun) gerichtete Wind.

offen khomben, volgendt sich daselbs allain nidergesezt, undterdessen sey ime sein geist die Peliale[1]) erschinen, die het ime befragt, ob er nit wolt gern ain peer sain, damit er khann fleisch essen, wöll ime auch ain peernhaut geben. Unnd weillen er dann solch seines gaists anregen nach nit zuwider gewest, sonndern darein verwilligt, allß hab er ime bedeite perrnhaut (welche dergestalt formiert gewest, allß vorn wie henndt, unnd hinten auch wie fieß, haben aber an allen orthen als an henndt und fießen große khrallen gehabt wie die perrntazen) anthuen lassen. Allßdann sey er gewest wie ain perr ... (folgen die Orte, wo er sich als Bär aufgehalten hat) ... inmaßen er auch etlich oxen erlegt unnd umbracht habe, wie villen aber khün er inn bedenckhung ime in sollicher zeit nit gewest, wie ain menntschen, nit recht wissen ...[2])[3])."

35. KUHSCHWÄNZE ALS ZAUBERMITTEL.

St. L. A. Sond.-Arch. Göß (Gerichtswesen). Gerichtsbuch des Frauenstifts Göß 1649, S. 17 in verso.

„Landtsmayr schwaiger würdt gestrafft neben verweisung des Gösserschen gebüetts per 2 thaller, umb willen er über wissen etlich frischling entfrembt, den khüen die schweiff abgeschniten und solliche zue zauberey gebraucht[4])."

36. DER „DIERLING" ODER „DÜRNING".

Kärntner Geschichtsverein Klagenfurt, Sammelarchiv „Hexen", 1653.

Strafprozeß des Landgerichts Albegg-Straßburg gegen Augustin Felsberger insgemein Eixl wegen Zaubereiverdacht[5]).

Aus dem gütlichen Verhör des Beschuldigten vom 16. Juni 1653:

„6. Mit seinem bruder Hänßl hab er sich erzürnt und im zorn ihme den dierling oder dürning gewuntschen, welcher namb auf ihme gefallen, es solt etwa ein schrätl[6]) sein, er hab solchen aber nie gesehen."

---

[1]) Der weibliche Buhlgeist (succubus) des Lauterfresser namens Belial.

[2]) Über die in diesem Verhöre vorkommenden Zaubervorstellungen vgl. Wuttke, S. 449 (Hexenbrennen), S. 116, 307, 365 (Laubfrosch), S. 83 ff., 267, 397, 465 (Kehricht), S. 13 ff. (Leichenteile Hingerichteter als Glückstalisman). In Samland herrscht noch heute derselbe Aberglaube mit den liebeerzeugenden und liebeabwendenden Knochen; nur werden diese aus einem Eulenkopf genommen (Buschan, S. 329). Über die Wirkung von Leichenteilen Hingerichteter auf das Schankgewerbe vgl. auch die zahlreichen Belege bei Hovorka-Kronfeld I, S. 86 ff. Zu erinnern ist auch an die Erzählung „Im Brauerhause" von Theodor Storm, wo der Diebsfinger als Glückstalisman für das Brauwesen als Motiv verwendet wird. Vgl. hierzu Heckscher, S. 361 f.

[3]) Der Bärenverwandlung (meines Wissens die einzige, die sich in alpenländischen Zaubereiprozessen findet im Gegensatze zu den viel zahlreicheren Wolfsverwandlungen) liegt die allgemeine Vorstellung zugrunde, daß der Bär ein verwandelter Mensch sei (vgl. Peuckert, Art. „Bär" im Hdwtb. d. d. A. I, S. 881 ff.; H. Naumann, Art. „Bärenhäuter", ebendort I, S. 910; Müller-Bergström, Art. „Berserker", ebendort I, S. 1093 ff.).

[4]) Offenbar handelt es sich hier um Zauber durch Viehhaare (vgl. Wuttke, S. 266, 438 ff., 443 ff.).

[5]) Behandelt von Hauser, S. 181 ff.

[6]) = Schratt, der in der Sagenwelt der deutschen und slawischen Alpenländer eine große Rolle spielende Elementargeist, der mit dem Alpglauben im Zusammenhange steht (E. H. Meyer, S. 133 ff.) und daher als Plagegeist gewünscht werden kann (vgl. übrigens Grimm, S. 397 ff.). Der Name „Dierling-Dürning" deutet auf Abdorren, d. h. Abzehren, die volkstümliche Bezeichnung der Schwindsucht, die heute noch „Daarfieber" oder „Dörr" heißt (Hovorka-Kronfeld II, S. 34, 655 ff.). Demnach würde es sich um einen Tuberkulosegeist handeln.

37. BAHRPROBE.

(Siehe 1, 29.)

St. L. A. Sond.-Arch. Stadt Murau, Schub. 14 (Gerichtswesen, Strafsachen), 1658.

Strafverfahren des Landgerichts der Herrschaft Murau gegen den Kleinheizer Wolf Carlhueber wegen Raufhandel mit tötlichem Ausgang.

(Carlhueber hat seinen Mitheizer Jakob Hembler zur Rede gestellt, warum er auf dem Friedhof hinter sich gegriffen, Friedhofserde zusammengerafft und in den Sack gesteckt habe. Darüber ist es zu einer Rauferei gekommen; Hembler ist bewußtlos fortgetragen und des anderen Morgens früh tot gefunden worden.)

Aus dem Verhör des Beschuldigten vom 21. Juni 1658 durch den Landgerichtsverwalter Georg Edlinger:

„... darauff[1]) alsobaldten herr graff von Schermberg[2]) p. den leichtnahmb besichtigen unndt treymahl befragen lassen, wann er Wolff an seinem todt schueldtig sey, soll er ein zaichen geben, maßen er auch trey finger ans hertz gelegt, habe aber khein aintziges anzaigen nit geben ...[3])."

38. KOPFWEHKUR, REGENZAUBER.

(Siehe 20, 21, 22, 26, 33, 34, 43, 44, 46.)

Kärntner Geschichtsverein Klagenfurt. Sammelarchiv, Fasz. „Hexen", 1658.

Strafprozeß des Landgerichts Paternion gegen Hansl von St. Veitsberg wegen Ausfahren, Teufelsbund und Wettermachen[4]).

Aus dem gütlichen und peinlichen Verhör des Beschuldigten vom 22. Juli 1658:

„Ferner sagt der, wie daß er vor 8 oder 10 jahrn ainen grossen kopfweh bekhumben also, das er zu zeitn gar umbgefallen. Sein muetter hab ine alsdann nacher Ossiach gefiert und daselbsten aine kalte kugel in der kürchen durch ain geistlichen for die ohren halten, so dann auch damit am freithof bey clarn sonnenschein an einem stuel sitzendt prenen lassen. Solche kopfwehe hab angehalten etlich jahr, biß im winter jahr vergangen auß beeden ohrn vil wasser gerunen. Sein muetter hab ine auch auf Teinach khürchfarthen gefiehrt for das gicht im kopf.

Item sagt der, wie daß er zu truekhnen zeiten auf zuesprächen der pauern ain schaff wasser genomen, 3 secht stain[5]) darein gethon und dan dasselbig in ain garthen under freyen himel gesäzt, darauf es baldt geregnet. Hab solches von pauernleithen gelernet und vernomen, die mößner machten es auch also[6])."

39. BETTELAMULETTE UND FESTMACHEN.

(Siehe 3, 12, 13, 34, 57; 27, 28, 53, 61.)

L. R. A., Cop. 1659, VI, 28. Verhörsprotokoll des Stadtgerichts in Rottenmann 1659.

Hans Glaser, wegen Kopfgrind mit dem Bettlernamen „grindraudiger Hansl" belegt, Bettler, Opferstockdieb und Landstreicher, aber wegen seines Herumschwätzens

---

1) Nach der Auffindung des Toten.

2) Der Herr des Täters und des Erschlagenen.

3) Man beachte, daß sich der Beschuldigte auf das negative Ergebnis der Bahrprobe als Beweis seiner Unschuld beruft, ein spätes Zeugnis für den Fortbestand des alten Aberglaubens, daß der Tote noch fortlebe.

4) Behandelt von Wutte, S. 50.

5) Sechtstein = Laugenstein, vielleicht auch nur der heiße Stein, der zum Sechten oder Sechteln, d. h. zur Erhitzung der Lauge dient.

6) Bei der Kopfwehheilung scheint es sich um eine Brennglaskur gehandelt zu haben (vgl. Seligmann, S. 245). Der Regenzauber ist wieder Analogie.

in den Verdacht der Zauberei geraten, wird vom Stadtrichter von Rottenmann gütund peinlich vernommen. Der Druck der Folter (Daumschrauben und Zug [-Reckfolter]) ist ein außerordentlich harter; die von der innerösterreichischen Regierung in Graz später entsendeten Untersuchungskommissäre haben in ihrem Berichte hervorgehoben, daß mit ihr schwerer Mißbrauch getrieben worden sei. Von der Folter abgelassen widerruft Glaser die unter ihr zugestandene Beteiligung an Hexenflügen auf den Schöckel und an Hagelzauber. Er wird schließlich freigesprochen, aber mit Ruten gestrichen und des Landes für immer verwiesen.

Aus dem Verhör vom 7. Februar 1659:

„Bekhenndt der diener[1]) zu Gräbwein[2]) hab ihme verwichnen fasching zway jahr ein stickhl von aines armen sinter hiernschallen geben, auf daß er pesser glickh zum petlen habe[3]).“

Aus dem Verhör vom 26. März 1659:

„Vor zway jahren habe er andere gefragt, deren namben ihme nit wissent, wie sie es machen, daß sie gefrohren werden[4]), beandtwordent, sye nemben consecrierte hostien in ain tiechl und verhaillen dieselbe in den leib, solcher mensch khönne nach absterben auch nit verfaillen[5]), welches er aber zuthuen niemallen begert.“

40. KRANKHEITS- UND HEILZAUBER.

(Siehe 24, 48.)

St. L. A., Sond.-Arch. Herrschaft Gutenhag, *Fasz. 3, Heft 4 (Hexenprozesse).*

Verhörsprotokoll mit Margaretha Kheyditsch 1661. Moderne Abschrift. Original auf Schloß Oberpettau.

Aus dem gütlichen Bekenntnisse vom 14. Juni 1661:

„Erstlichen eß hette vor villen jahren die Roschkherin mit dem Georg Mallenitsch umb strittiges grundts wegen geraufft und über erhaltnen zorn ihme ein khrankheit durch zauberey zuezufiegen in sün gehabt. Hat derowegen sie Roschkherin die Margaretha gebetten, sie wolle zuesechen, damit sye des Malenitsch haar zu wegen bringen khindte, weliches sye auch durch ainen gerauf, zu welichen sye Margaretha mit schlimen wortten dem Mallenitsch alles vleiß anlaß geben, gethan. Darfür die Roschkherin der Margaretha ein halbe schmalz gegeben. Mit dissen haar seint beede zu der Juliana gangen und sye gebetten, sye Julliana wole dem obbemelten Malenitsch ain khrankheit machen, so durch die Julianam auch beschechen, und habe die Roschkherin zu disser beclagten unter derzeit seiner

---

[1]) = Gerichtsdiener, wie sich aus einem späteren Verhörsprotokoll vom 23. Mai 1659 ergibt.

[2]) Gratwein bei Graz.

[3]) Leichenteile, insbesondere aber solche von Leichen Gerichteter, spielen als Amulette für verschiedene Berufsgruppen (Bettler, Verbrecher, Spieler, Jäger) noch heute eine große Rolle (Wuttke, S. 134ff.).

[4]) Die sogenannte Passauerkunst, weil sie angeblich zuerst unter dem „Passauer Kriegsvolk“ des Erzherzogs Leopold 1611 aufkam (in Wirklichkeit ist sie viel älter und reicht wahrscheinlich in die heidnische Zeit), war unter den Soldaten des 30jährigen Krieges weitverbreitet und ist durch diese auf das Landstreicher- und Bettlertum übergegangen. Das Einheilen von Hostienpartikeln in den Körper zum Zwecke des Festmachens läßt sich in steirischen Strafakten des 17. und 18. Jahrhunderts zahlreich belegen (vgl. Wuttke, S. 140ff.). Vgl. Kronfeld, Krieg, S. 81 ff.

[5]) Diese Wirkung des Festmachens (die Hinderung der Verwesung) wird in Obersteiermark (Ennstal, Donnersbach) von den Bauern noch heute als „die ewige Gfrier“ bezeichnet. Mehrere Jäger- und Wilderersagen knüpfen daran an, so z. B. die Sage vom Jagerpeterl in Donnersbach (d. i. der Jäger Peter Leitner [72]).

khrankheit vermelt: laß ihm jezt auch ein weil laiden und passen, weil er mich geschlagen, unnd also er Mallenitsch fast gegen ein jahr in seiner khrankheit angefangen zu geschwellen, haben ihm die seinigen widerumben zu hauß geheilt[1]).

2. Bekhendt vor ain jahr seye sye von der herrschafft locay[2]) einem namens Philip Gamilschekh geschlagen worden; damallen sye Julliana auch ungefehr zu ihr khumben, weliche sye gebetten, ihme locay ein fieber zu machen, zu welchen werkh die Juliana ein stikhl rindten, von dem überblibnen holz, darmit sye geschlagen worden, begerth, diße es auch gebracht, wisse nit waß sye Juliana damit gethan, aber alß die Juliana ihr die rindten widerumb geben und dem locay unter zu strain anbevolchen, seye darüber der locay balt erkhrankht[3]). Damit er aber zu seiner gesundheit gelengen khundte, bätte er disse Margareth umb gottes willen unnd umb die fünff wunden Christi, ihme widerumb zu helffen, in widrigen (er) sich mit einem mösser ertetten welle. Die besagte ist auch wider zu der Juliana umb rath der widerhelffung gangen, welliche disser 9 felberne[4]) ruethen in ain padt, absonderlich aber daß füngger khrautt[5]) guldes khrauth[6] zu khochen, die stain aber mit denen von sich selbsten verdorbenen khronobetham[7]) zu hizen anbevolchen, womit sye ein padt gemacht unnd obbenendten locay zwämall gebadt, wellicher nochmallen dardurch sein gesundheit erlangt habe[8]).

3. Bekhendt: es habe sich ein supan[9]) namens Simon Fräß eines halben starttin[10]) weinß halber gegen der beclagten ungefehr vor 3 jahren durch einen greinhandl verfeindt, welicher sie auh entlichen mit einem haßlen stekhen geschlagen und alß sye beclagte umb ein wasser ga(n)gen, habe sye die Julianam und der Jurschitschen weinzerlin (so bereiht tott ist) beysamben gefunden, weliche zwo unter gehabten gesprach disser angebotten, sye wolle disse erlittne sträch röchen unnd bevolchen, sye solle etliche schiffern[11]) von dem stekhen, damit sye geschlagen worden, wie auch etliche haar von sein deß suppanß khopf ihnen bringen, sie wolten machen, das er supan darvan erkhrankhen solte.

Disse hat ein tagwerkherin namenß Appolonia gebetten, sye wolle ihnen etliche haar von den supan zuebringen, die Apolonia brachte die hare, disse namb dieselbe sambt den schifftern und gebs obbesagten zweyen alß Juliana unnd der

---

[1]) Das Haar des zu Bezaubernden vertritt diesen als pars pro toto. Das, was diesem symbolisch zugefügt wird, wirkt sich auf den Bezauberten aus. Über denselben Glauben bei Naturvölkern ausführlich Frazer, S. 337f. Die Locke als Liebeszeichen gehört mit in diesen Vorstellungskreis. [2]) = Lakai, Bedienter.

[3]) Das Unterstreuen, Vergraben, Verstecken usw., das sich als Form des Krankheitszaubers für Mensch und Vieh überaus häufig findet, beruht auf der Vorstellung, daß hierdurch eine gefährliche, jedem Darüberschreitenden verderbliche Zone geschaffen werde (vgl. die zahlreichen Nachweise bei Wuttke, insbesondere S. 268ff.).

[4]) Vom Felber-, d. i. Weidenbaum, der ein berühmtes Mittel gegen Verzauberung ist (Marzell, Kräuterbuch, S. 85).

[5]) Entweder der Fingerhut (Digitalis purpurea L.) oder eine der mehreren, im Volksmunde nach der Blattbeschaffenheit „Fünffingerkraut" genannten und volksmedizinisch häufig verwendeten Pflanzen, insbesondere Gänserich (Potentilla anserina L. [vgl. Marzell, Kräuterbuch, S. 345] oder Potentilla reptans L. [vgl. Hovorka-Kronfeld I, S. 174]).

[6]) Das Tausendgüldenkraut (Erythraea centaurinum L.), das noch heute offizinell ist und als Volksheilmittel dient.

[7]) Verdorrtes Wacholdergestrüpp (Juniperus communis L.) (Marzell, Kräuterbuch, S. 121ff.).

[8]) Der alte Brauch, das Bad mit heißen Steinen zu hitzen, ist in den Alpenländern stellenweise noch verbreitet (vgl. Heyne I, S. 45ff., und Geramb, Rauchstuben, S. 29ff.).

[9]) Vorsteher der Dorfgemeinde.

[10]) Noch heute übliches Hohlmaß für Wein, beil. 550 l.

[11]) Dial. für Span.

weinzerlin, weliche zwo die beede starkh angesprochen haben und verthrauthe die Juliana dabey disser: das ein jedes glidt des supans damit verpanth sey, bevelchte anneben disser, sie solte ein pohrer, mit wellichen ein tottentrag gemacht unnd geborth worden, nemben, ain loch in ain weissen alberpaumb[1]) einpohren, die haar sambt dem angesprochnen holz in das loh hat verschlagen unnd des supanß leib mit ihren zauberischen spruch angesprochen, also werde der supan darauf erkhrankhen, weliches sye auch gethan, die haar sambt dem holz in das loch eines abents verschlagen und unter wehrenden schlagen unnd strächen ihren zauberischen spruch his formalibus: Ich Margaretha spriche an daß haubt, die glider, das ingewöth des gethaufften gefüermendten und gesegnethen menschen des Simon Fräs, das er erkhrankhe, erlahme und schwach werden solle, in den dreyen namben gott vatter und des sohn und des heilligen geist amen, über ihme supan dreymal gereth, warüber aber nur sein weib erkhrankht[2]). Das aber ihme nichts geschechen seye, ist die ursach, weillen die Appolonia per errorem nit des mans, sondern nur des weibs haar gebracht.

Item bekhend, sye habe ein theil von dissen angesprochnen sachen auch abents auf ein stigl geworffen, in mainung es wurde der supan erstens darüber gehn, so seye aber nur sein weib darüber gangen, daherr nur sye erkhrankht und fiebrig worden[3]).

4. Bekhendt, die Juliana habe ihr ain gröbß[4]) unnd ein schwarzes pülverl geben, bevelchend disses in ein wasser zu werffen, unnd mit den wasser die supanin abzuwaschen, darvan sye ihr vorige gesundtheit erlangen werde, weliches sye auch gethan und sye darüber die supanin ihrer vorigen gesundtheit res(t)ituiert worden.

. . . .

7. Bekhendt wider deß Michel Criauez weib zu Serianzenberg unter die Burg Mahrburg gehörig, sie hete von der Khoroschizin gehördt, wan man daß heillig hochwürdig sacramendt nembe und lege daselbe in ein wasser, zerreibe unnd von mell ain poganzen[5]) mache, denen, so ein ander feindt sein, zu essen gebe, so wurden sye widerumb freindt darvan. Item ain theil von dem h. sacramendt darvan behalten unnd darmit geraucht[6]) solle helffen.

8. Sagt weitter ernendte Chriauizin habe gegen ihro Margaretha vermelt, das die Khoroschizn ihr ein dergleichen pogätschen[5]) nach hauß gebracht, darvan sye ihren man zu essen geben, der sye vor angefeindtet, nachmals aber, weil er von der pogatschen[5]) gessen, hat er mit ihr fridlich gehaust."

Im späteren Verhör bekennt Margaretha Kheyditsch auch noch folgenden Milchzauberspruch, den sie mit Erfolg nebst Eingebung eines näher nicht bezeichneten Samens angewendet hat:

„Ich Margaretha gebiete, verpahne alle millich und alle khröfften der nohbohrn khüe, auß den fießen, auß den ingebeith, auß dem khopf, auß den hörrn

---

[1]) = Silberpappel (populus alba).

[2]) Das Verbohren ist in der Volksmedizin hauptsächlich als Heilungszauber durch Abwenden einer Krankheit bekannt. Als Anzaubern von Krankheiten kommt es seltener vor (vgl. Wuttke, S. 488ff.).

[3]) Wiederum das Schaffen einer gefährlichen Zone (vgl. Anm. 3, S. 29).

[4]) = graues.

[5]) slaw. Gebäck, ähnlich einer Pastete. Ähnlich Pogatschen.

[6]) = geräuchert. Die Räucherung ist ein vielfach verwendetes Volksheilmittel in Steiermark. Der hier erwähnte Zauber beruht auf der versöhnenden Wirkung des Abendmahles (Wuttke, S. 455). Vgl. Heckscher, S. 363, und Pohlmann, S. 16ff.

auß dem Autter und auß dem ganzen leib, daß dieselben in disser Nescha[1]) khüe khumben und disse khüe wol melkhen, die milich vol ramb haben solte, das gescheche der getaufften, der gefüermbten der gesegneten Nescha[1]) durch die drey heilligen namen des großen gott vatters, gott sunß, gott h. geist amen[2])."

41. WERWOLFGLAUBE.

(Siehe 31, 32, 53, 63, 64.)

Kärntner Geschichtsverein, Sammelarchiv, Fasz. „Hexen", 1662.

Strafprozeß des Landgerichts Paternion gegen Regina Paumann wegen Teufelsumgang und Wettermachen[3]).

Aus der gütlichen Aussage der Regina Paumann vom 9. Juni 1662:

„10. Von iren gespännen hat sie vernomen, wann die söhn am carfreitag nacheinander bei iren mietern ligen und selbige beschlaffen, so khennen sie sich zu wölfen machen, auch auß weissen arbessen[4]) [5])."

42. DIE PERCHTL.

Kärntner Geschichtsverein Klagenfurt, Sammelarchiv, Fasz. „Hexen", 1662.

Strafprozeß des Landgerichts Paternion gegen Leonhard und Bartl wegen Zauberei[6]).

Aus dem gütlichen Verhör mit Leonhard vom 17. Juni 1662:

„8. Gerödt und gezaigt hat er Leonhardt ferner, er hete wol auch gesehen, daß es gar fünster gewesen und daß die Perchtl (were die wolckhen zuverstehen) von der alben herkhomen und het sy auß einander gelassen und weren staindlein gefahlen und wasser herab gerunnen, auch gesehen und gehört, daß es gedonnert und geplizt habe[7])."

43. REGENZAUBER.

(Siehe 20, 21, 22, 26, 33, 34, 38, 44, 46.)

Kärntner Geschichtsverein Klagenfurt, Sammelarchiv, Fasz. „Hexen", 1664.

Strafprozeß des Landgerichts Althofen gegen Sebastian Praitbrenner und Genossen wegen Zauberei und Sodomie[8]).

Aus dem gütlichen Verhör Praitbrenners vom 7. Juli 1664 durch den Verwalter Andreas Strauß:

---

[1]) slaw. Agnes.

[2]) Vgl. zu dieser Form des Milchzaubers die zahlreichen Nachweise bei Wuttke, S. 159ff., sowie die auf S. 22 erwähnte Studie von Froehner.

[3]) Behandelt von Jaksch, S. 9—17.

[4]) Erbsen. Daß man aus Erbsen Wölfe machen könne, habe ich auch in Obersteiermark belegt gefunden.

[5]) Über Werwolfglauben vgl. Wuttke, S. 217ff.; C. H. Meyer, S. 83ff.; Grimm, S. 915ff. Die hier geschilderte Entstehung der Werwölfe (Blutschande am Karfreitag) hängt mit dem Karfreitagszauber zusammen (Sartori III, S. 143ff., und Wuttke, S. 74ff.). Der Karfreitag ist für Kinder überhaupt ein Unglückstag; in Böhmen glaubt man, daß Karfreitagskinder eines gewaltsamen Todes sterben.

[6]) Angezeigt bei Wutte, S. 50ff.

[7]) Ein schöner Beleg für den Fortbestand des Glaubens an die alte deutsche Wolkengöttin. Die Wolke wird als „Perchtl" personifiziert. Vgl. die zahlreichen Belege über den jetzigen Perchtenglauben in den österreichischen Alpenländern bei Marie Andree-Eysn, S. 156ff. Über den Perchtenmythus überhaupt in seinen Beziehungen zum Wetter H. E. Meyer, S. 429, Waschnitius S. 26. [8]) Besprochen von Wutte, S. 42.

„Sagt er hete die gwantleiß in einen ameshaufen geworffen, darnach alsobalden ein großer regen khomen, wellches er zum öfftern gebraucht[1]).“

44. REGENZAUBER.

(Siehe 20, 21, 22, 26, 33, 34, 38, 43, 46.)

Kärntner Geschichtsverein Klagenfurt, Sammelarchiv, Fasz. „Hexen“, 1666.

Strafprozeß des Landgerichts Spittal gegen den Bettler Stefan N. wegen Wettermachen, Teufelsbund und Lykanthropie[2]).

Aus dem gütlichen Verhör des Stefan vom 6. Juli 1666:

„5. Ob er nicht khönne regen machen? Er küne woll.

6. Wie ers dann mache, wanns regen soll? Er thue halt im see paaden.

7. In welchen see er dann pade? In Ossiacher und Milstater see[3]).“

45. TEILE VON HENKERGERÄTEN ALS TALISMAN UND ALS HEILZAUBER. DIEBSEGEN.

(Siehe 13, 22, 67.)

Wiener Nationalbibliothek, Handschrift 14699.

Kriminalprozeß der Landgerichtsherrschaft Neuenjohannstein und Sparbach bei Mödling (Österreich unter der Enns) gegen den Meßner Leonhard Gschwendtner von Sparbach wegen Teufelsbündnis, Hostienverunehrung und Wettermachen 1666 (veröffentlicht und besprochen von Karl Schalk).

Bei dem verhafteten Meßner ist ein kleines handgeschriebenes Büchel gefunden worden, welches beschlagnahmt wurde und unter H den Akten beiliegt. Dieses Büchel ist Eigentum eines Halters aus Steiermark, der es dem Beschuldigten zum Abschreiben geliehen hat.

Aus dem Inhalt:

„Edtliche schöne stikhl zu gebrauchen mit dem holtz auch den strickhen und schinern[4]) und galngen glidtern und der spaichen von den rödtern[5]) detlich (?) über daß holtz zu gebrauchen; winen ...[6]) zu verkhauffen hat ers bey waß es wöll der nemb die schoidten oder holtz und leg es zu der wahr, die (er) verkhaufft er gar baldt; auch wann einer die schoidtn oder holtz bey ihm dregt und für gricht khombt, den mag man nit über windten mit kheinem recht; auch wirdt er alle sohen[7]) leicht genüessen, waß er anfang, und von statt bringen; dißes holtz ist nicht mit gelt zu bezallen, wan einer daß glickh hat, daß ers bekhomen khan; daß geraidt selten einem, daß ers recht bekhumbt.

Zum andtern wer leithgebt und thuet ein schoidten oder ein holtz an die spindl[8]), den geht der wein baldt auß. Auch khan man ihm khein zauberey nit

---

[1]) Daß das Stören von Ameisenhaufen schlechtes Wetter bringe, ist ein in Kärnten und Steiermark noch heute weitverbreiteter Glaube des Landvolkes. Ungeziefer und Regen stehen volkskundlich in einem deutlich erkennbaren Zusammenhang. Vielleicht beruht dies auf der Identität der Wettergottheit mit der das Ungeziefer schickenden Gottheit, so daß das gestörte oder getötete Ungeziefer die Rache der Schutzgottheit (durch den Regen) bewirkt.

[2]) Behandelt von Wutte, S. 54, 55.

[3]) Analogiezauber.

[4]) Schienen, hier dünne Holzlamellen.

[5]) = Hochgerichtsrad.

[6]) Unleserliches Wort.

[7]) Sachen.

[8]) Zapfen am Weinfaß.

machen oder den wein verkheren und in welhem hauß daß holtz ist, khann khein wet(ter) darein schlagen. Wer es bey ihm dregt, mag von kheinen dieb beraubt werdten; dan solhes ist gar oft und villmal probiert wordten; auch in welhem hauß daß holtz ist, khan khein dieb nichts stehlen.

Zum dritten dient dießes holtz für den prandt im traidt, van man ein speill oder schaidten dar ein steckht, wan es bliedt; auch mag daß milldaw[1]) kheinen schadten daran thuen; auch daß die meiß in statl kein trädt komen freßen. Item won man von den holtz ein speill darein stekht, so verliechren sich die meiß alle; dießes holtz ist für vill gueth, auh wer es bey sich dregt und geht an unsichern ordten bey der nacht, denselben mag kein gespenns nich zu khomen, es sey so wildt alß es wöll.

Zum vierdten dient es den lieden[2]), den der schlag gedroffen hat; derselb nemb von dem holtz ein schaidten und thue sie auf ein g(l)ueth und damit die glider geraucht prabatum est. Daß mueß man aber 3 grichts tag thuen als am montag, mitwoch, freytag; soliches hab ich selbsten probiert und grecht befundten.

Zum fünfften und lezten wirt dieses holz hoh geacht und es bey sich dregt, die mögen (?) schiessen oder spiden (?) will, der nemb die schoidten und bindt es mit einem bänndtl in huedl[3]), daß es niemandt war nimbt; wanß mans aber warnimbt, so hilfft nicht und ist umbsonst, waß er thuet; dießes stükh ist gewiß und gerecht befundten wordten, probatum est[4]).

Ein bewerter diebssegen so waß gestollen wirt.

Er(st)lich schreib der drey geister ihre namen also Astorot, Beliebueb Saton auf ein neuß träl (?) und beye[5]) es bey den feyer und auch 3 kö(r)tzen darauß und schreib auf ein iedte kerzen ein namen und zindt sie an und sprich die beschwerung darauf: ich beschwere ihr fürsten, ihr arbeith mir und bringt mir den menschen mit dem guet, daß er gestollen hat, fleisch und bluet hab ich dir beschworen bey aller den heilligen wundten daß der dieb oder diebin khein ruech nit hast, biß du mir den und den, wer er nach ist, so wenß (?) gestaden (?) ist wordten, den nen du mit seinen namen, sein sohen[6]), waß er nach verlohren hat, wider bringest an sein ort, wo du es genomen hast; ich beschwere dich dieb oder diebin bey gott dem Herrn Jesu Christn und sein rossenfarbes bluedt, daß du mir den, nen in wider sohn[6]) bringst und an sein ardt oder stott, wo du es genomben hast; ich beschwere(n) dich dieb oder diebin, daß du khein rueh hast weder ihm hauß nach hoff, weder zu disch oder zu beth, daß du khein rueh hast, biß du mir den, nen in widerumb, sein sohn[6]), du muest aber die sohen alle mall nenen, waß gestollen ist wordten, widerumb bringist; ich beschwere dich dieb oder diebin bey gottes crafft und macht, daß du gar khein augen blickh khein ruech hast, du seyest wo du wölst, es sey zu waßer oder zu landt, hauß noch hof, zu kirchen oder zu goßen; ich beschwere euch ihr fürsten der bößen geist bey der heilligen dreyfaltigkeit gottes vatters †, der alle ding erschaffen hat, bey gott des sohn †, d(i)er die gantze welt mit sein rosafarben bluet erlöst hat, und bey dem heilligen geist †, der die gontze welt durchgehet, daß ihr mir denn menschen mit der gestallen sohen wider

---

[1]) Meltau.

[2]) = Leute (?), vielleicht auch Glieder.

[3]) Hut.

[4]) Diese unverständliche Stelle soll vielleicht einen Zauber zum Festmachen enthalten. Galgenholz, Henkerstricke usw. dienten auch zu diesem Zwecke.

[5]) Vielleicht bähen.

[6]) Sachen.

bringt an sein stott, wo ers genomben hat, so solt ihr von mir ruech haben; wo nit so will ich euch zwingn bey dem gehorsamb, den ihr schuldtig seit Jesum Christumb zu thuen; ich beschwer dich dieb oder diebin, daß ihr mir, den nen, in sein gestollnes gueth widerumb bringt in den namen got deß vatters † Sohn † und heilligen geists † amen; ich beschwere dich dieb oder diebin bey den ingsten gericht, daß got halten wirdt über lebendtige und toden, daß ihr mir, nen ihn, widerumben sein gestollne sohn und bringt; m(i)er beschwere ich dich dieb oder diebin, daß du auß bleibest, so wennig alß daß letzte gricht auß bleibt; also beschwere ich dich, daß du gar khein ruech hast weder bey tag und nacht, weder bey leiden noh allein, also gebüet ich auch durch sohn[1]) und mon[2]) und stern der sieben planethen und allen heilligen engeln deß ganzen himlischen reichs in dem namen gott des vatters † und deß sohnß † und deß heilligen geistes † amen[3]).“

46. REGENZAUBER.

(Siehe 20, 21, 22, 26, 33, 34, 38, 43, 44.)

Kärntner Geschichtsverein Klagenfurt, Sammelarchiv, Fasz. „Hexen“, 1666.

Strafprozeß des Landgerichts Straßburg gegen den Bettler Simon N. wegen Teufelsbund und Wettermachen[4]).

Aus dem gütlichen Verhör des Beschuldigten vom 18. August 1666:

(Er gibt zu, daß er ein wenig, aber nicht viel zaubern und insbesondere Regen machen könne:)

„Thete mit speikh[5]), unnd nöstl[6]), auch balbm[7]), maran[8]) und pulver rauchen, auch thete er frischling kot darzue nemen und thete die Grien Agnes, göstin[9]), so hausiert, darzue rueffen.“

47. ZAUBERISCHE HEIRATSVERHINDERUNG.

St. L. A., Sond.-Arch. Gutenhag, Schub. 3, Heft 31. Verhörsprotokoll der Landgerichtsherrschaft Gutenhag vom 14. April 1667.

Verhör mit „Margaretha des Phillip Sodtler diern“:

„als sie vergangne fastn auf die Rodich wisen in die roboth zum grabn machen gangen, habe des Jänscho Pollänez tochter sie geruefn und gebetten, sie solle ihro von ihrer tochter haar, pertl[10]) und zopfn[11]) geben, dise befrag, wozue sie es gebrauchen wolte, habe sie gesagt, mit disem sie es machn wolde, das sie nit khondte zu heyrathen khomben und zu einer hurn werden müße.“

Verhör mit Nescha (Agnes) des Janscho Pollonez Tochter:

„bekhendt das sie vorbemelte Anza gebetten umb die zäpfl[11]) von der tochter fätschen[12]), so sie ihro auch geben, selbige habe sie aber verlohren.

[1]) Sonne.
[2]) Mond.
[3]) Über die ungemein verbreiteten Diebsegen vgl. auch die Beispiele bei Wuttke, S. 175ff. Die Aufzählung der Wirkungen des Galgenholzes gegen die verschiedensten zauberischen Einflüsse ist bemerkenswert.
[4]) Behandelt von Wutte, S. 58ff.
[5]) Valeriana celtica L.
[6]) Nessel (Urticaria).
[7]) Weidenkätzchen.
[8]) Majoran.
[9]) Inwohnerin.
[10]) = Börtel, Kleidborte.
[11]) Quaste, Troddel.
[12]) = Wickelband, Frauengürtel.

Wierdt befragt warumben sie es begert und worzue sie es gebrauchen wolte. Sagt ihr muetter habe zu hauß gesagt, sie habe von des Martin Schollamun weib Nescha gehert, daß sie mit sollich sachen machn khindte, daß selbige persohn, deren es gehörig, zu ainer hurn werden und nit zu heyratten khomben khindte[1]).“

48. MILCHSTECHEN, MILCHZAUBER, EHEZAUBER, KRANKHEITSZAUBER.

(Siehe 3, 4, 5, 8, 9, 12, 34, 55; 10, 30, 34, 48, 54, 63, 70.)

Kärntner Geschichtsverein Klagenfurt, Sammelarchiv, Fasz. „Hexen“, 1669/70. Strafprozeß des Landgerichts Straßburg gegen Cäcilia Gruber wegen Zauberei[2]).

Aus dem gütlichen Verhör vom 13. Dezember 1669:

„Sie könne weiter nichts als dises: Wann ihre milch von ihrer khue, wie öffters beschehen, nit recht gewesen, so habe sie mit dem messer in die milch gestopfft und darzu gesagt: Es seye nun ein zauberer oder zauberin, so will ich die milch so lang stechen, bis ich meine milch wieder zu mir kan fechen[3]); es sey nun weib oder mann, so bring ich meine milch davon. Und dises hobe sie eine brändlerin[4]) gelernet, so auch gar offt geholffen hette[5]).

Bekennt, daß auch folgendes mittl, die milch wieder zu recht zu bringen, gut wäre. Man müße ein rosshuef nagl, so auf der straßen gefunden, nehmen, denselben ins feuer werffen und glüend lassen werden, solchen sodann in die milch legen, so wurde sie gleich wieder gut[6]).

Item auch dises: Man müße schnitlach wurz nehmen und jeden der khue strichen[7]) 3 mahl daran melcken, sodan ihro eingeben und sprechen:

„„O braune khue (oder wie sonst hieße) sech[8]) dir dein milch und bring mir mein milch also gerechter und also guter, wie mir sie unser lieber herr Jesu Christ geben und geschaffen hat[9]).

Item mein geleck[10]) wird gesegnet und gebenedeyet seyn, wie der kelch und auch der heyl. wein, und das hochwürdige himmelbrod, auch das heyl. Benedicten creuz[11]) ist 9 mahl gesegnet und 9 mahl geweyt, das verleihe mier gott der vatter, sohn und heilig geist ...“ “

An dem sambstag habe der Weyrer sie geschlagen. Sontags frühe darauf habe sie die milch gestochen und gesagt, wie oben vermelt, nemlich: „„So will ich in die milch so lang stechen, bis ich meine milch kan wieder zu mir fechen[12]), es sey der Weyerer Mörtl oder Agatha, weib oder mann, so bring ich meine milch davon.“ “

---

[1]) Zu dieser Art Zauber vgl. als alten Beleg Hinkmar v. Rheims, wo „de capillis atque pilis locorum genitalium virorum ac feminarum, filulis colorum multiplicium“ und noch anderen Zaubermitteln gesprochen wird, die zur Hinderung einer Ehe dienlich erscheinen.

[2]) Behandelt bei Hauser, S. 152—156.

[3]) = fegen.

[4]) Brentlerin = Sennerin.

[5]) Vgl. die zahlreichen Parallelbeispiele bei Wuttke, S. 449.

[6]) Der Hufnagel verdankt seine zauberabwehrende Wirkung den magischen Eigenschaften des Eisens (vgl. die massenhaften Belege bei Seligmann, S. 161 ff., 167 ff.).

[7]) Zitzen am Kuheuter.

[8]) Wohl wesensgleich mit saichen, hier im Sinne von lassen oder von sich geben.

[9]) Schnittlauch (Allium schoenoprasum L.) ist ein bekannter Schutz vor Bezauberung (Wuttke, S. 101).

[10]) Grünfutter, welches der Kuh beim Melken vorgeworfen wird, damit sie still hält.

[11]) Das Benediktuskreuz ist eines der verbreitetsten Amulette. Abbildungen bei Marie Andree-Eysn, S. 126, daselbst auch Beschreibung und Geschichte.

[12]) = fegen.

Möchte etwa 5 oder 6 stupff gethan haben. Dardurch wurden sie ein wenig kranck und ließen sie sodan mit frieden[1]) ...

Noch zuvor, ehe daß sie der Weyrer geschlagen, habe sie des Vastls in der Grueben (scil. Sohn) mit namen Hannßen und die Weyerin zusammen gekocht, solcher gestalt. Sie habe von der Weyerin ein pall kraut und von des Vastls verweisset[2]) auch ein stück genommen, zusammen in ein hafen gethan und folgende wort darzu gesprochen: „„„Ich will das Vastlsche verweiset[2]) und das Weyrsche kraut miteinander kochen; wann etwa der Weyrer mit tod abgehet, alsdann soll das Vastlsche verweisset[2]) das Weyersche kraut beißen.“““

(In einem früheren Verhör vom 5. November 1669 sagt sie über diesen Zauber folgendes:)

„Das größte werck, so sie gethan, wäre, daß sie von der Västlin in der Grueben ein krautmachet[3]), von der Weyerin aber das kraut genommen, dasselbe zusammen kocht in hunc finem, damit, wan der Weyerer sturbe, des Vastls sohn namens Hännßl zu der Weyerin heuraten könte ...[4])“

Aus dem gütlichen und peinlichen Verhör derselben vom 6. März 1670:

„... hatte verhafftin zu disem[5]) nichts anders gebraucht, alß eine milch von ihrer aignen khue und selbige mit vorgemeltem ihrem messer gestopffet, darbey aber disen segen gebettet: „„„O herr Jesum Christ, hatt mir etwa iemandt waß gethan, eß seye fraw oder man, ich setze ihme es selber haimb in sein fleisch und in sein bein, in sein lüngl und leber und in sein rechte hertz feder.“““

Hernach hette sie auch den von denen talcken[6]) übergeblibenen habern[7]) zestampffet in gäntzlicher mainung, ihme verstorbenen Weyer darmit sein hertz zu treffen mit auch widerholung ietzt geschribenen segens ...

... bekendt ..., daß nachdem sie im winter vor zwey jahren großes wehethum und schmertz in ihren augen gehebt und schier gantz blindt gewesen, habe sie dises wehethum mit 9 luckenden staindl[8]), so von einem gruebl oder hauffen genohmen, im fewer glüend gemacht werden müßen (scil. geheilt), warzu sie ein newes hafferl mit waßer angesetzt, dises gantz siedenheiß gemacht, hernach solches in eine schüßl geschittet, die staindl darin gelegt und daß hafferl darüber gedecket und sodann disen segen gesprochen:

„„„Wildtnußen und biltnußen übell und apfell, und alle wilde geschoßen gehen auß mit einander über die gassen, begegnet ihn unser l. herr Jesum Christ, da sprach unser lieber herr Jesum Christ: „„„Wildtnußen und biltnußen, wo wildt es hin mit einander über die gaßen?““ „„„Wir willen gehen zu der eillen[9]) beinbrechen und bluet sauffen.““ Da sprach unser l. h. Jesum Christ: „„„Daß solt es keins nit thuen, ich bann euch auß gar in eine wilde rameney (?), wo kein hann

---

1) Vgl. Wuttke, S. 445.
2) Einbrennfett (Unger-Khull, S. 228).
3) Dasselbe, wie das obige (Anm. 2) „verweiset“, nur mit dem Unterschied, daß das Fett mit Kraut verhackt ist (Unger-Khull, S. 410).
4) Eine Form des Analogiezaubers.
5) Nämlich zum Milchstechen gegen den Weyrer.
6) Gebäck, hier aus Hafermehl gebacken.
7) D. i. der Hafer, den sie als Naturalentlohnung für Schnittarbeit von dem Weyrer erhalten hatte, und der sich als schlecht (leer) erwies.
8) Steine sind volkstümlich ein Mittel gegen Augenkrankheiten (Seligmann, S. 208ff.). Steine mit natürlichen Löchern sind ein uraltes Amulett (ebendort, S. 234). Über Augensteine ebendort, S. 240, 244ff. (vgl. auch Hovorka-Kronfeld II, S. 783).
9) Eule (?).

nit kräet und kein man nit mäedt, wo kein klocken nit klingt und wo kein christglaubiger mensch nie hinkümbt. In nahmen gott des vatters, gott des sohns und heil. geists amen.""

49. DER „GLÜHENDE SCHAB".

L. R. A., Cop. 1672, VI, 122. Protokoll über das unparteiische Gericht des delegierten Richters Johann Wendtseyßen in der Klagsache des Michael Hörg samt seiner Ehegattin Marina und deren Schwester Gera gegen Michael Gregoritsch und Genossen wegen bezichtigter Zauberei. Radkersburg, 2. Juni 1671.

Aus der Aussage des Beklagten Wenko Wastun:

„Vor 6 jahren an ainen sambstag abent habe er, Michael Gregoritsch und Matthias Khrälatsch bey seinen hauß sitzend gesechen einen brinneten schäb stro bey deß Michael Hörckh kheller niderfallen und seye gleich außgeloschen."

Der Beklagte Michael Gregoritsch sagt dasselbe wie Wastun und fügt bei:

„er aber habe 3 mall gesechen, daß allezeith ein brinender schäb an h. abendt[1]) bey deß Hörckhn kheller nider gefallen seye."

Auch der Beklagte Mathias Khralovitsch bestätigt dasselbe[2]).

50. NESTELKNÜPFEN UND -LÖSEN, HEIL- UND KRANKHEITSZAUBER.

L. R. A. Kriminalprozeß des Landgerichts Windisch-Landsberg gegen Jakob Krischan wegen Zauberei, 1672, Cop. 1672, III, 92[3]).

Krischan, ein Wunder- und Zauberarzt von großem Ruf, hat angeblich auf der Hochzeit des Andreas Knapp, des Sohnes des Supans[4]) der Herrschaft Landsberg, diesem und seiner Braut durch Nestelknüpfen den Vollzug der Ehe unmöglich gemacht, wird deswegen verhaftet und vor das Banngericht gestellt.

Aus dem Bekenntnisse vom 19. Februar 1672:

(Das Nestelauflösen bewirkte er in folgender Weise:)

„Er hette in weingartten von ainen weinstogk, der blawe weinpör tregt, von der subtillen weinreben, die zu zeiten ringßweiß umb den weinggarttstogken wachst, ainen sollichen ring abgeschnitten und ain khriegl in die handt genomben, darein sye durch denselbigen ring etwaß wenigß salva venia von ihrer urin gehen lassen, hernach hab er bey dem hauß von 3 hilzan seulen waß wenigß herunter geschaben und darein geworfen, wellicheß sye bäde außtringken müessen, dardurch sye ohne verzug restituirt worden.

Weidterß khundle er auch für das vergicht[5]), grümen und reissen in lenden und creiz helffen, darzue er unser lieben frauen vesperkraut[6]) und das rohr, so die pindter bey den fässerabpindten einlögen[7]), prauhen thuet, welliches er inß wasser legt und dergleichen patienten mit dem wasser abwascht."

Aus dem Bekenntnisse vom 21. Februar 1672 (unter dem Drucke des dritten Torturgrades):

---

[1]) In diesem Zusammenhange der Samstagabend.

[2]) Über den „glühenden Schab" vgl. Geramb in den „Blättern für Heimatskunde".

[3]) Dieser Prozeß ist ausführlich behandelt von Byloff, Nestelknüpfen und -lösen.

[4]) Gemeindevorsteher.

[5]) Hier wohl das Gliederreißen mit Krämpfen.

[6]) Wahrscheinlich Hypericum perforatum L., das bayrisch-deutsch-österreichisch als Unserer Lieben Frauen Gras oder Nagei belegt ist und volksmedizinisch als Aufguß bei Krampfzuständen verwendet wurde (Marzell, Kräuterbuch, S. 266).

[7]) Schilfrohr.

„Bekhendt, er prauche nichts anderß alß ainen zwyernßfaden, mit wellichen ainen han, wan man denselben schneiden und capeindeln[1]) thuet, die renes seu testiculi gepunden und vernädt werden. Mit dem er ainen knopf macht und spricht: Gleich wie den han, so man capeindelt hat, mit disen faden sein hanen maht und testiculi gepundten und benomben worden, also solle eß auch dier gepundten und benomben sein, und müeste hierzue die zeit nenen, wie lang diseß continuiern und gepunden verbleiben solte ..."

„Reus respondet confirmando dictum (nämlich der Beisitzer, welche behaupten, daß ein Mensch, dem die also geknüpfte Nestel nicht gelöst wird, sterben müsse) und sagt, wan man den faden inß wasser oder feuer wirfft, so mueß der mensch sterben ..."

Aus dem Bekenntnisse vom 23. Februar 1672:

„Wan er die hexerey auflösen will, so mueß er ainen alten huefnagl in das trängkl werfen und salva venia etwaß von seiner urin darzue gehn lassen."

(Im späteren Verlauf des Verhörs gibt Krischan zu, daß der Beschwörer, um die Nestel zu knüpfen, zuerst Gott, die heilige Dreifaltigkeit, die Jungfrau Maria, die Engel, alle Heiligen, die schwarze Mutter Erde, das Laub und Gras, den Sand in Wasser und Meer verleugnen müsse. Dann habe er zu sprechen:)

„Ich Jacob gepiette mit gott den vatter, gott den sohn und gott den heilligen geist, 3 namen und nur ain einziger gott, gepiette auch mit der allerheilligsten dreyfaltigkeidt, daß sie an disen menschen N. anjezo und am jüngsten tag kheinen gewaldt, weder crafft noch macht haben sollen, sondern daß ihme all sein mänliche macht und crafft hiemit benomben sein soll, gleich wie sie den han benomben worden ist, alß man ihme mit disen faden gekhopdt hat, und müeste sovil khnöpf continuirlich mit dem faden mahen, sovil täg, wohen oder monath er verlangt, daß daß maleficium und der zuestandt continuiren soll ..."

(Er gibt an, diese Beschwörung müsse man achtmal wiederholen, fünfmal zurücksagen und schließlich noch dreimal wiederholen:)

„Bekhendt und sagt, daß ain zuestandt sey, so die leutt reverendo in den schengkelen haben, derselbige schaden heist die lebendigen fäden[2]), wan man sollichen den patienten benemben will, so mues man ihme coniuriren und auf die korn eher[3]) anweisen, dardurch zweifelßohne das korn verderbt wiert."

„Bekhendt, daß er die Agneß Rhossyn curirt hat, sye Rhossyn aber habe die cur und sachen, so er gebraucht, ihrer nahbärin nemblichen deß Jansche Khunstitsch weib, mit dero sye in greinhandl gestanden, in ihren gartten gegossen und heimblich undterworffen. Sagt, wan man über dieselbige außgegossen sachen, die man ordinari bey ainer durchfahrt, an den wasser oder aber bey einer stigl und auf ainen creizweg außgiessen mueß, unversehner weiß gehet, so causirt eß den menschen vill grössere krangkheidt und schaden, alß wan manß sunst eigneß fleiß für ain persohn zuerichten thett[4])."

---

[1]) Zum Kapaun machen, verschneiden.

[2]) Nicht feststellbarer Krankheitszustand, vielleicht das sog. Ameisenlaufen.

[3]) Kornähren. Das Abwenden ist Zaubertherapie (Wuttke, S. 335ff.).

[4]) Für die in diesem Stück angeführten Arten des Zaubers ist zu verweisen, daß das Pissen durch den Rebenring als Mittel gegen Impotenz vielfache Analogien in der Volksmedizin hat (Hovorka-Kronfeld II, S. 164ff., Heckscher, S. 116), ebenso das Nestelknüpfen durch Knotenbinden (ebendort II, S. 165). Der Hufnagel ist ein alter Zauber gegen Krankheitsdämonen (Hovorka-Kronfeld II, S. 674, und Seligmann, S. 45, 165, 167ff.).

51. ALRAUNWURZEL, KRAFTWURZ.

(Siehe 11, 18, 22.)

St. L. A., Sond.-Arch. Rotenfels, Schub. 97 (7. Gerichtswesen), 1673.

Strafprozeß gegen den Bürger und Hammerschmied Martin Lengauer in Oberwölz „wegen habender wurzen ainen männl gleichformig".

Aus dem Verhörsprotokoll vom 19. Januar 1673:

„1. Wüe lang er dißes wesen hebe? bey drey jahr.

6. Ob erß nit gepadet, gekhlaidt oder angesprochen unnd verbotne sachen damit gespült und zum öfftern bey sich getragen habe? Die Sulzerin[1]) hab gesegt, man müeße es alle manath khlaiden, er aber habs nur in summer und nur 2 mal, ainmal mit gelber, und mit dißer seiden gekhlaidet[2]).

13. Ob er nicht andere alß khrafftwurzen und wunndtseegen oder aberglaubische dergleich sachen hebe? Khönne er doch solche wurzen ansprechen. Khrafftwurzen habe er woll, weist derwegen aine für, er khöns selber graben, aber sonsten nichts aberglaubisch inhanden. Wan aber solche wurzen mit wortten graben und alle tag genossen werden, hab er gehört, daß ainer sol so starckh alß 9 mann werden. Wären bey dem graben lauter guete worth, wolls hersagen[3])."

52. WIEDERVERSCHAFFEN GESTOHLENER SACHEN. ZUNGENBINDEN.

(Siehe 22.)

St. L. A., Sond.-Arch. Gutenhag, Fasz. 3, Heft 30. Gerichtsprotokoll der Landgerichtsherrschaft Gutenhag 1673.

Aus dem gütlichen Verhör mit Nescha (Agnes) Sieretzin am 25. Mai 1673:

„Bekent bemelter Caspar vor 5 jahren somerszeit sie gelehrnt, denen dieben essen zu geben selbs gewaxnen knoblach, der am Bartlme[4]): und weynacht abend soll an tisch gelegt werden, hernach in ein thürangl, alwo die sachen heraußgestollen worden, gelegt und 3 straich mit einer prechl[5]) schlagen und sagen: so wenig alß der geschmackh von knoblach kan verschwigen bleiben, so wenig soll dein N. gestollnes guet verschwigen bleiben, in namen gott deß vatters, sohn und h. geist."

(Sie erzählt dann, daß sie von diesem Zauber wiederholt erfolgreich Gebrauch gemacht hat.)

Aus dem peinlichen Verhör am selben Tage:

„Auf bloßes binden bekent, daß vergangene 672 jahr an tag St. Lorentzen hab sie von dem bemelten Caspar Vorich gelehrnet den leuthen die zungen zu binden, darzue sie den für sich selbst gewaxnen hanf nemben, denselben mit vor-

---

[1]) Die Person, von der die Alraunwurzel erworben worden ist.

[2]) Die Alraunwurzel ist ein lebendes koboldartiges Wesen, muß daher gebadet und gekleidet werden (Wuttke, S. 102 ff.).

[3]) Vielleicht ist die Kraftwurz die Primula minima L., die schon bei Clusius als den Alpenbewohnern unter dem Namen „Kraftkraut" bekannt bezeichnet wird (vgl. hierzu Kronfeld, Zauberpflanzen und Amulette, S. 50, und über Kraftfetische Seligmann, S. 32 ff.). Marzell, Kräuterbuch, führt unter dem Namen Kraftwurz Arnica montana L. (bayr.-österr.), Carlina acaulis L. (allg.) und Petasites officinalis L. (allg., auch unter dem charakteristischen Namen „Neunkraft") an.

[4]) 24. August.

[5]) Werkzeug zum Flachsbrechen.

bemelten worten[1]) ansprechen und 3 knöpf darauf machen müeßen; den hanf in daß wax, so am Liechtmeßtag[2]) von kertzenmachen übergebliben, verwickhlet und der Schämpin[3]) bey ihr zutragen gegeben[4])."

53. SCHLAFZAUBER, WOLFBANNEN, FESTMACHEN.

(Siehe 22, 31, 32, 41, 63, 64; 27, 28, 33, 39, 61.)

L. R. A. Strafprozeß gegen Urban Pauer, insgemein Hödlbub wegen Diebstahl und Zauberei, Cop. 1673, VI, 29, 1673.

Aus dem Verhör des Urban Pauer, eines 30jährigen Kohlenführers und Bauernknechts aus Aflenz.

1. Am 12. Juni 1673:

„Der Schwämbl (ein Mitbeschuldigter, der viel mit Zigeunern herumgezogen ist) habe ihme angelehrnet, er soll ein hiendl geyer[5]) zungen in dasselbige hauß, wo sye stellen wöllen, oben ins tach stökhn, so könte in selbigen hauß niemand nit mundter werden, darzue sich der Schwämbl auch bekhent hat[6]).

Habe ihme föst oder gefroren zu werden gelehrnet, mit flödermeiß[7]) unnd dergleichen ..."

(Dem Beschuldigten wird die Aussage des schon zu Bruck a. d. Mur gerichteten Mitbeschuldigten Mathias Ludwein vorgehalten. Dieser letztere sagt u. a.: „man soll disen Knödlherter[8]) [einen von ihm angegebenen Mitbeschuldigten] sicher einziehen, er hab den pauern ihr vich mit wolffen durch zauberey zerpaist.")

2. Am 13. Juni 1673:

„Hödlbueb sagt, habe khein weib nit aufgeschnitten[9]), aber andere haben ihme woll darzue anlehrnen wollen, darzue der Hitrichhännßl[10]) gerathen, so doch von ihme nit beschehen ..."

„Von zauberey bekhent er, habe ein particul von einer empfangenen h. hostia in finger verhailt gehabt, in umgewendten finger in der lingkhen handt, der hete

---

[1]) Diese Worte lauten: „Daß wax helfe dir in den namen gott deß vaters, sohns und h. geists ein aintzigen wahren Gott, durch hilf und fürbitt unßer lieben frauen, daß der böße feind kein krafft bey dir haben solle amen."

[2]) 2. Februar.

[3]) Die Schampin war eine Witwe, die in den Verdacht eines Gelddiebstahles zum Nachteile des Verlasses ihres Mannes gekommen war und deshalb von dessen Erben vor Gericht verfolgt wurde.

[4]) Der Knoblauch (Allium sativum L.) gilt allgemein als Schutz vor Zauber und sonstigem bösen Einfluß (Wuttke, S. 282); auch als Diebabwehrzauber wird er verwendet (Marzell, Kräuterbuch, S. 187; über einen bezüglichen pommerschen Volksglauben vgl. auch Hovorka-Kronfeld I, S. 238). Die Verwendung des (verwilderten) Hanfs (Cannabis sativa L.) als Zungenbindung ist reiner Analogiezauber (Verknoten) (Wuttke, S. 131, und Pfister im Hdwtb. d. d. A. I, S. 386ff.). Vgl. auch Z. 56.

[5]) Hühnergeier.

[6]) Eine besondere, wahrscheinlich zigeunerische Form des verbrecherischen Schlafzaubers, der sonst gewöhnlich mit Hilfe des sogenannten Schlaflichtes (Lichter aus dem Fette unschuldiger Kinder) geübt wird (Wuttke, S. 134, 400).

[7]) Wenn man ein Auge einer Fledermaus bei sich trägt, wird man unsichtbar (Tirol, vgl. Wuttke, S. 124). Fest wird man, wenn man ein Stück Fledermaus in die Kleider näht (ebendort S. 319).

[8]) Ein origineller Verbrechername; Herter dial. = Hüter.

[9]) Um die Frucht und daraus Verbrecheramulette zu gewinnen, (dgl. Byloff, Blutgenossenschaft des Zaubererjackl).

[10]) Ebenfalls ein origineller Verbrechername. Hittrich = Hüttenrauch, Arsenik, ein in der Volksmedizin und auch in der bäuerlichen Verbrecherwelt vielverwendetes Gift. Wahrscheinlich ein Arsenikesser.

aber nit gar zuegehailt, alß hab ers nach dreyen wohen wüder heraußgenumben unnd ins wasser geworffen. Er habe zu Aflenz in der kirchen communicirt unnd ein particul auß den mundt genohmen, das übrige aber genoßen, das were vor 10 jahrn beschehen, habe von diser sündt noch in der jugent gehört, aber das merere von Hitrichhännßl, es habe ihme fast föst gemaht, aber alle weill zum rauffen geiebt[1]).

Der wurzen crammmer zu Pernegg habe ihme angesprohene[2]) Gämbßwurzen[3]) göben, die habe er alle morgens genossen, habe ihme zur fösten weiß bißweillen geholffen, bisweillen aber nit, wäre auch selbst mit ihme den wurzen graben auf den albmen nachgezogen ..."

„Sagt, wisse von zauberey nichts, allein habe er sein hoßen im rechten fueß hinab einwendig in die schueh gestökht unnd habe etliche worth darzue gesprochen, daß die hundt geschwigen, außer der geschnitnen zaukhen[4])."

54. MILCHABWEHRZAUBER, BACKZAUBER, WINDFÜTTERN, HEILZAUBER.

(Siehe 10, 30, 34, 48, 63, 70.)

Archiv des Schlosses Hainfeld bei Feldbach. Abgedr. bei Hammer-Purgstall, III, Urkundensammlung, S. 138ff., 1674.

Bekenntnis des Bäckers und Wirtes Georg Hollerspacher vom 21. August 1674:

„1. Sagt auß erstens, daß er zum öfftermahl zur khirchtagszeith, alß er noch zu Hartmanstorff wohnhaft ware, frue vor aufgang der sohnen den staub und preßeln auß denen fenstern züsamben gewischt, sodann selbige bey dem hauß herumb und vor der dier herumbgeströeth, damit sein wirdtschafft alleinig wohl fortgangen und deß negsten wirts hinderstellig verblibe.

2. Hab er von andern gelehrnet und auch wirckhlich practiciert, nemblichen an blauen sambsta nächten[5]), etliche hötschlpöhr thorn[6]) abgebrochen, so dan von seiner s. v. khue die milch in ein s. v. saudroch gossen und mit selben thornen gestrichen, damit sein viech, welches bluet gemilkhet habe, widerumb zurecht gebracht, wisse aber nicht ob deme, so ihme es gethane, oder dessen viech dardurch ein schaden zuegefüeget worden, sye were einmahl von seinen nachbahrs leiten in solcher tadt ersehen und der herrschafft angedeitet, auch gestrafft und sträpliziert[7]) worden.

Hab er zum öfftern das wasser auß denen fuhrchen, alwo mann die todten leithen durchführet, nächtlicher weil heraus geschöpfet und dasselbe under der broth gepächt gethann, war das selbe sodann wol gerathen und auf dem khirchtage vor allen verkhaufft worden.

4. Bekhent, das er an der h. drei khönig nacht, so mann die reiche nacht[8]) pflegt zunennen, preßl und andere übergeblibene speißen zusamben in ein neuen

[1]) D. h. geübt gemacht. Das Festmachen kommt bei Soldaten, Wildschützen und Raufern besonders häufig vor. Vgl. über das Hostieneinheilen Wuttke, S. 321.

[2]) = mit Zauberworten besprochen.

[3]) Wahrscheinlich die Aurikel (Primula auricula L.). Gemswurz bezeichnet aber auch andere Pflanzen (Schmeller I, S. 916).

[4]) Zauck = Hündin. Das Landvolk der Steiermark bevorzugt Hündinnen als Wachhunde, weil sie angeblich wachsamer sind.

[5]) Blaue Nächte = helle Nächte.

[6]) Hötschln = Hagebutten (Rosa canina L.).

[7]) Vielleicht von lat. strepitus. Dem Sinne nach bedeutet das Wort schlagen, auspeitschen.

[8]) Ein Mißverständnis des Richters oder Schreibers. Die Dreikönigsnacht (6. Jänner) ist die letzte der Rauchnächte.

topf gethann und selbe deß andern tagß frue vor aufgang der sohnen auf der weith auf ein thorseillen gesezet, dem windt damit zufuedern, daß selbiger das ganze jahr hindurch seine gründt und sachen kheinen schaden zuefüegen mögen[1]).

5. Sagt auß, daß er offtermahls zu khirchtagszeiten, wan er neben andern wirthen wein fail gehabt, ehe er dem wein aufgethann, von seinem nebenwirth in einen neuen krueg voll weinn entnomben, denselben heimblich in seinen kheller under den gandter[2]) gesezet, damit sein wein schleunig fortgangen und deß andern verschlagen gebliben ..."

Bekenntnis desselben vom 27. Juni 1675 vor dem Landgericht Feldbach:

„... 1mo. Hette er ain fuehr wasser[3]) auffgeschöpfft vor der sohnen scheinen, hete es unter des brodtpach gethan, das es forgehen und er solches desto eheunter verkhaufen möge.

2do. Seye ihme auch gerathen worden von Phillipp Stockher in Hartensdorffer pfarr, unter Freyberg[4]) rukhsessig, solle die milch in dem sautrog schütten und mit ainem hakhenthörn außbeitschen, seye auch zu beßrer versilberung des brodts.

3do. Habe ihme ain fahrent schuller zu Ekhensdorff[5]) gesagt, daß er schwähre khrankheit wurde außstehen, wehre auch bald darauf khrankh worden, hete ihme ain soldath gerathen, solte von 9 ammeshaufen 3 handtvoll und von 9 pämern, die kheine frücht tragen, zweig abbrechen, das fuhrt wasser[3]) aufschöpfen, davon ihme ain padt machen und sich darmit paden, so er auch gethan und darauf gesundt worden, jedoch solte er das padtwasser nirgents anderst wohe hin, alß in ain fliesenden pach schütten, in widrigen sonsten, da es auf die erden khomben und jemandt, es wehre mentsch oder vih daryber gehen solte, also balden sterben und verrekhen mießte ...[6])"

55. LIEBESZAUBER, MENSCHENZURÜCKBRINGEN, ZAUBERÄRZTINNEN.

(Siehe 3, 5, 8, 9, 12, 34, 48.)

L. R. A Bericht des Bannrichters im Viertel Cilli, *Paul Schatz, vom 31. Juli 1675 über die angebliche Hexe Agnes Cessarka beim Landgericht* Sauritsch, *Cop. 1675, VIII, 140.*

In Sauritsch an der steirisch-kroatischen Grenze haben Anfang Juni 1675 die wegen eines schweren Hagelwetters erbitterten Bauern zwei der Hexerei verdächtige

[1]) Das Windfüttern ist eine in Steiermark noch heute geübte Sitte. Nach Mitteilung des steirischen Volksforschers Schuldirektor Karl Reiterer wird am Blasiustag (3. Feber), den das Volk Blasentag nennt, in Donnersbachwald Mehl in den Wind gestreut mit den Worten: „Wind, Wind, Sei frei g'schwind Und pack Dich hoam zu Dein Kind." Man glaubt so den Windschaden bannen zu können. Vgl. über das Windfüttern zu Weihnachten und Dreikönig Wuttke, S. 293, und Marie Andree-Eysn, S. 160.

[2]) Ganter = die Balkenunterlage für die zum Ausschenken gerichteten („aufgeganterten") Fässer.

[3]) Das Wasser aus den Wagenrinnen auf der Straße.

[4]) Windisch-Hartmannsdorf, Herrschaft Freyberg, beide im Bezirk Gleisdorf.

[5]) Eggendorf im Bezirk Hartberg oder Eggersdorf im Bezirk Gleisdorf.

[6]) Über die hier angeführten Formen von Zauber vgl. noch bezüglich des Kehrichtzaubers, der ein ausgesprochener Glückszauber ist, Sartori II, S. 47, 50 (Anm. 17), 62; bezüglich der Hagebutten Marzell, Kräuterbuch, S. 131 (Hagebutten bewahren das Vieh vor Rauschbrand); bezüglich des Abwehrzaubers gegen Blutmelken Wuttke, S. 284 (eine Abart des Hexenstechens durch die Dornen); bezüglich des Pfützenwassers (Leichenzauber) Wuttke, S. 133; bezüglich des Ameisenbades Hovorka-Kronfeld, S. 285. — Über die Bedeutung der Zahl bei den Kuren Wuttke, S. 90, 479.

Weiber überfallen und an ihnen Lynchjustiz durch Verbrennen geübt. Eine der Verbrannten hat vor ihrem Tode die Agnes Cessarka als Genossin angegeben, welche sodann als Beschuldigte unter schwerer Folter vernommen wird.

Aus dem Berichte:

„so ist aber durch die grossen schwären torturen nichts anders herauß khomen, alß laudter aberglaubenß sachen, nemblichen daß sie fueßper khrautt[1]) und s. johannis khrautt[2]) gekocht und gesotten und die suppen oder besser zusagen das wasser darvon den weibern und menschern gegeben, daß wan sie sich darmit waschen wurden, also khundt man ihnen nit feindt sein, item denen leittgeben und weibern, die prott feill pachen, habe sye auch gerathen, mit einer stauden, worauf sich die pinen oder imen setzen, wan sie schwärmen, das faß mit wein und das prott zu sprengen und in das sprengwasser ain geweichtes salz zu werffen[3]). Durch dise und andere dergleichen superstitiones ist sie inß geschrä khomben, daß sie ain hex sey, gestaltsamb das khleinglaubige pauernvolgkh also beschaffen, daß wan ainem auß ihnen nur ain finger wehe thuet, also lauffen sie stragks zu sollichen alten weibern und lassen sich incantirn, waschen und dergleichen abergläubische sachen adhibiren, welliches hernach ainer den andern communicirt und ainrathedt, wan er khrangk werden oder ihme sunst waß anderß widerfahrn mechte, also soll er nur zu diser oder ihener gehn, die khan ihme schon helffen, warauf sie festigklich glauben und geben durch derley zuelauff und zuetragende recompensen und regalien sollichen alten weibern selber anlaß, daß sie ihnen je lenger je mehr vorschwätzen, inmaßen dan auch bey disen peinlichen examen angebracht worden, daß eß ein Saueritschischer unterthan (mit nomen Stephan Gunditsch, deme vor ain jahr sein weib entlofen) angesprochen, sie soll machen, daß sein weib widerumb zurugk nach hauß khomben müeste, destwegen erß etlich mall zum leuttgeben gefüehrt und umb wein spendirt, und alß er leztlich von ihr nit außsözen wöllen, habe sie von seineß weibß khopffhar und von ihren leibßkhleidern ain flegk begehrt, darmit wolte sie schon effectuiren, daß sein weib heimb khomben wurde."

56. BESCHAFFENHEIT DES FOLTERHEMDES.

L. R. A. Bericht des Bannrichters im Viertel Cilli, Paul Schatz, an die Regierung vom 2. September 1675, Cop. 1675, VIII, 140.

Aus dem Berichte:

„. . . Dergleichen hemädt (nämlich Folterhemden) sunst zu Marburg, Pettau, Cilli, Veistriz, Rän, Windischgrätz und kürzlich zu sagen in ganzen viertl Cilli bey kheiner landtgerichtsherrschafft vorhanden, sondern ich hab aineß in mein hauß selbst spinen und würgken lassen, so aber nicht von ordinari hanäff[4]), den

[1]) Fußgesparrkraut, Füßperlkraut = Beschreikraut (Stachys rectus L.). Als Mittel zur Abwehr böser Einflüsse bekannt (Hovorka-Kronfeld I, S. 62).

[2]) Verschiedene Kräuter führen diesen Namen, insbesondere Hypericum perforatum L. (als Schutzmittel gegen Gewitter und Hundebiß bekannt) (Marzell, Kräuterbuch, S. 266, Aigremont, S. 27 f., und Kronfeld, Zauberpflanzen, S. 33) und die große Fetthenne (Sedum maximum L.), ebenfalls ein Zauberkraut (ebendort, S. 291, und Aigremont II², 21 f.).

[3]) Auch bei den Ruthenen heißt ein Zweig, auf dem ein Bienenschwarm saß, Stastné drevo = glückliches Holz (Hovorka-Kronfeld I, S. 67).

[4]) Hanf (Cannabis sativa L.).

man anpaudt oder ansädt, sondern von dem hanäff, der sich selbst anpaudt und aufwahst, gemacht werden mueß, welliheß ich den Pettauerischen scharfrichter, deme ich in virtl Cilli prauch, zuegestölt, damit er solliches, wen dergleichen mit zauberey behaffte persohnen zum examen fürgestölt werden, jederzeit mit sich füehredt[1]).“

57. LEICHENTEILE HINGERICHTETER ALS ZAUBERMITTEL.

(Siehe 3, 12, 13, 34, 39.)

St. L. A., Spez.-Arch. Gutenhag, Fasz. 3, Heft 31 (findet sich in etwas anderer Fassung auch im Heft 38). „Extract auß Michaeln Vräbl gietliche bekhantnuß dat. 14. octobris 1675.“

„Item bekhent alß er in seiner jugent bei dem alten fürsten vonn Eggenberg für ain staljung gedient, habe er erfahren das der gutsche unnd vorreiter sambt zwen anndern stalkhnechten ainem armen sünder von den hochgericht nächtlicher weil genomen, unnd zu pulfer gemacht unnd den rossen gefüettert[2]).

Unnd weillen er gesechen, das negst unnder eben creuz an einen schnel galgen ain handt unnd ain fueß eines justificierten sünders hangen, habe er ihme gedacht ein nutzen zumachen, unnd selbige abgenomben und deß Arne Khnechtls steuf suhn namens Gregor Kitl angereth, sprechent was er ihme geben wolt, er wolle ihm was geben, das er dennen rossen füettern könt, damit sie alweil faist unnd starckh werden miessen, so habe er ihm ain görz[3]) gersten, $^1/_2$ görz waiz und $^1/_4$ görz haber darfür geben.“

58. RÄUCHERN MIT BESENHOLZ ALS ZAUBERMITTEL.

St. L. A., Sond.-Arch. Gutenhag, Schub. 3, Heft 31. Gerichtsprotokoll der Landgerichtsherrschaft Gutenhag vom 4. Juli 1676.

Verhör mit der Ehewirtin des Jörg Weiß:

„Sagt alß ainmal die Armbstorffer roboter aldorten am hoff . . . und in der stubn hernah beysamben zu mitag gesen, wehre sie mit dem kindt in der wieg gesesen und grosen schmerzen am lenden stöhen gelitten. Habe des Jacob Reppa diern sie gefragt, waß ihr wehre, worauf sie geandtwort, es tette sie in lendn sehr stehen. Auf diß des Reppa diern gesagt: mein wiertin hat ebn auh ain sollichen zustand gehabt, so het ihr die Müllerin ain rath geben, sie solle von ein bösen, mit dem man am h. weinachtag die stuben außgekhert het, nemben und sich rauhen, wehre es sodan balt beßer wordn, worauf sie zu der diern gesagt: bring mier auch von ein sollih bösen, villeicht meht es mier auh helffen. Über 14 tag hernah habe ihr die diern sollichs gebraht, weillen sie aber schon vorhin gesundt gewest, habe sie es nit mehr gebraucht, sondern gleich in die truhn, alwo sie hernah gefunden wordn, geworfn[4]).“

[1]) Dieses Hemd soll u. a. das maleficium taciturnitatis, die teuflische Halsstarrigkeit, bekämpfen. Die besondere Bedeutung des wilden Hanfs hierfür vermochte ich nicht zu deuten. Siehe übrigens Z. 52. (Vgl. über das Maleficium taciturnitatis bei Zaubereiprozessen Frölich v. Frölichsburg, S. 63ff.)

[2]) Totenknochen als Beisatz zum Viehfutter sind auch sonst in Steiermark belegt (vgl. Byloff, Verbrechen der Zauberer, S. 386).

[3]) Görz = altes steirisches Hohlmaß.

[4]) Der Besen an sich ist ein Abwehrmittel gegen Zauber- und Krankheitsdämonen jeder Art (Wuttke, S. 130ff., und Sartori II, S. 14, 24, 69).

59. TOTBETEN UND TOTZAUBERN.

(Siehe 6, 17.)

St. L. A. Sond.-Arch. Schönstein, Schub. 16 (4a Gerichtl. Verhörsprotokolle und Kriminalprozesse), 1677.

Kriminalprozeß des Landgerichts der Herrschaft Schönstein gegen Maria Ferlin wegen Krankheitanhexen, begonnen am 2. April 1677.

Aus dem Verhörsprotokoll:

„Deß gebetts inhalts, mit wellichen sie das löben ainßwöder verkhirzen oder verlengern khan: Heindt ist der hl. freittag, alß Cristuß gefangen worden, mit strigken gebundten, mit der geisl gegeislet, mit der ruetten gezichtiget, mit der cran sein hl. haupt gekhrendt, seine hl. hendt außgespandt und anß creiz angenaglt, die hl. wunden mit salz angesträtt, sein hl. haubt mit spähl[1]) verspierzlt und mit khott verworfen, sein hl. seidten mit den spieß durchstohen, hernach were unser liebe frau zu unsern herrn undterß Creiz khomen und gesagt: Ach wie bist du so sehr verwundt und von den Juden zermartert worden."

Aus dem peinlichen Verhör vom 3. April 1677:

„Bekhendt, eß hätte sie ein alteß weib nammß Eva Kartin deß Lorber inwohnerin, so beraiths vor 2 jahrn gestorben, gelehrnt, daß wan sie ainen todt haben will, solle sie von ainer erden am freitthoff nemben, so zwischen den todtenbäuren ligt, wan mahn die todtenbeiner außgraben thuet und über dessen khopff oder leib schidten, mieste volgents sterben ...

In simili bekhendt, daß sie jedes malß, wen sie die erden über dergleichen leidt gesträdt, auch den spruch und ohne dessen die erden sonst khein würgkhung haben khönen, gesprochen: Gleich wie der todte mensch die erden verlangt, also auch verlangt dise erden dessen lebendtigen leib und seinen todt[2])."

60. BILDZAUBER.

(Siehe 2, 13, 14, 16.)

L. R. A. Bericht des Bannrichters im Viertel Cilli, Paul Schatz, an die Regierung vom 8. Juli 1677, Kop. 1677, VIII, 76.

Im Anderburgschen Landgericht bei St. Georgen unter Reichenegg hat Paul Schatz eine Hexe, namens Ursula Vurischigkhin, mit dem Brand vertilgt, die mit Hilfe des Teufels den Menschen Krankheiten und Tod angehext hat.

Sie hat bekannt, „daß sie ain khleineß mändl von läm oder khott formirter gehabt und wan sie dasselbige mit ainer nadl in ain glid oder in leib gestohen, also sey der ihenige mensch, deme sie die hexerey anzuthun verlangt, auf ainen sollichen glid khrump und lam oder aber in leib khrangk worden, wan sie aber bedeites khott mändl am khopff in schlaff gestohen, also habe der Mensch gar sterben mießen[3])."

---

[1]) = Speichel.

[2]) Form des Analogiezaubers. Die Verwendung der Friedhoferde zu Schadenzauber weicht insofern ab, als sonst die Friedhoferde zu Heilzauber benutzt wird (vgl. zahlreiche Belege bei Seligmann, S. 148ff., und bei Wuttke an vielen Stellen).

[3]) Vgl. Frazer, S. 81.

61. JAKOBISEGEN. PASSAUER ZETTEL.

(Siehe 27, 28, 39, 53.)

Archiv der Stadt Freistadt O.-Ö. 1681.

Der im Freistädter Bürgerspital befindliche früher haussässige Webermeister Sigmund Maureder beschwert sich über die ihm im Spital zuteil gewordene Behandlung. Im Zuge des eingeleiteten Verfahrens werden seine Habseligkeiten durchsucht, wobei nachstehender handschriftlicher Jakobisegen gefunden wird, der der Schrift nach der 2. Hälfte des 16. Jahrhunderts angehören dürfte:

„Ein gewaltigen gnadreichen schönen segen hatt mahn her gebracht vohr 100 und 50 jahrn auß dem gelobten landt von dem h. St. Jacob, darinen hat er gerast der h. 12 poth St. Jacob (darinen) der greste disser h. jünger und 12 poth Christy deß herrn, da hatt er in dissen umbligunden landen vil tausendt personen zum christlichen glauben bekerdt, er hatt auch vertriben alle vergifftung und lufft[1]) undt alle zauberey, er hatt auch feyr und wasser gebotten, daß sie khein schaden nicht dan haben khinen, und auch dem wedter und hagl gebotten, daß sie haben miessen abziehen undt abweichen. So disser segen ihn ein hauß ist, da khombt nicht mehr khein feyr auß, es mag auch das waßer nicht schaden, dan eß mag auch die zauberey nicht in das hauß khomen weder under die leith oder under daß vieh oder in die miell[2]); eß mag auch durchauß nichts schaden, es kombt khein schwer oder schreckhliche krangheidt oder pestylenz nicht in daß haus, es schlegt auch daß wilte feur[3]) nicht in das hauß(es). Ja es wirdt ihnen zue dissen zue geföhrlichen zeiten offt ohn viellen orthen unnd enden, daß mahn sieht grosse feyrstrallen unnd prunsten, auch grosse wassergiß und zauberey bei den leithen unnd bei dem vieh ist, wo mahn aber nicht gottes wortt in ehren helt oder in hauß hatt. Drumb ist disser segen außgangen durch den h. 12 poth St. Jacob auß sein h. munth und henden. Dissen segen hatt ein h. ainsidl hergebracht auß dem gelobten landt und ist vohn dem h. St. Jacob herkhommen:

Eß hebt sich ohn daß h. hohwürdig gebett und segen gottes und gott den h. 12 poth St. Jacob geoffenbardt hatt: O du allerheylligister herr Jesu Christ, ein gewaltiger segen deß himels und der erden, ein khünig über alle khünig, o Jesus von Nazareth, ein khünig über die Juden, o du allerheylligister herr Jesu Christe, du sohn Davitt, erbarm dich über daß hausvolckh, daß dich allezeith ehren undt anrueffen thuett und in ihrem gebett gegen deiner heiligkheidt bitten dain: o du gecreuzigister herr Jesu Christe bewahre daß hausvolckh, o du h. Chreuz † Jesu, daran Jesu gestorben ist, bedeckhe das hauß und mitt den segen gottes wendeie die menschen, die in dissen hauß sindt, die krafft gott des h. geistes, die umblichtet alle menschen, die in dissen hauß seindt, und der segen gottes deß allerhechsten, der da ausgangen ist vohn gott dem vatter und gott dem sohn und gott dem h. geist, wendeiet und seyńt daß ganze hauß und alles, was drinnen ist und außer deß haus herumb ist, vieh und leith und alle essende speis und auch alles, was in dem hauß drinnen ist. (. . .) umfange daß haus der nicht (?). Sey gewendeiet und gesegnet mit dem allerheylligisten und mitt dem allersüßisten namen Jesu Christi, der becrefftige daß haus und die allerheylligiste 3faltigkheit, die wendeie und segne alle menschen, die in dissen hauß aus und eingehn, die h. 4 euangelisten die bestettigen und bekrefftigen das haus des Simmatl Maureder[4]), khein un-

[1]) Seuchenluft (Miasmenvorstellung).
[2]) In Innviertler Mundart = Milch.
[3]) Blitz.
[4]) Einfügung von anderer Hand.

glickh nicht in das hauß khome, wan es sey mitt pestylenz, oder sonsten vor schädliche krangheidten sohl behiedt sein. Es sohl auch daß feyr undt daß waßer nicht schaden dain, es mag auch die zauberey khein schaden nicht dain weder under den leithen oder under den vieh oder in der miell[1]), daß aber verpindten die h. wortt gotteß als mitt allersießister namen Jesu Christy. Sei mitt dem hauß die krafft gottes, wirkhet mitt den menschen, die da in dem hauß sindt, die h. 3 faltigkheit und der sisse namen Jesu, die wolten daß haus umblichten, der ainsidl, Jesus und der h. geist, die wolten des hauß deyr haußhieder undt wachter sein, die h. jungfrau Maria die raine maith, die bitt füer alle jungfrauen, die in ihrer dienstbarkheidt seind in ihren gebett, die behiedt daß hauß vohr allem übl und laith, die h. erzengl die stehen auf den 4 eckhen deß haus und wellen disses haus nacht und dag hieder undt wachter sein, die h. 12 poth, die wellen disses hauß anschaffer sein, damit alle sachen in den hauß zum pesten wirdt gewendt und gethan, das h. chreuz unsers herrn Jesu Christy † sey dissigem hauß ein (ein) deck, die h. 3 negl unsers herrn Jesu Christy sei dissigem hauß ein rigl und gespehr, die dörne khron unsers hern Jesu Christy sei dissigem hauß ein schilt und ein deckh. Allso mieß es nun beschlossen sein, alß mitt dem h. wortt gottes, alß mit den allersießisten namen Jesu Christy. O Jesus von Nazareth erbarm dich unser, o sanctus, sanctus, sanctus Jesus Christus, sancta, sancta, sancta Maria, dei dei (mater?) gnandt, o sanctus, sanctus Johaneß ora bronobis †. Nun wellen wir beschliesen mitt gott dem vatter die Hausdier und mit gott den sohn die ihnerlichen gemäht und mit gott den h. geist die druchen und kästen und mit der h. 3faltigkheidt die unbfahra[2]) deß gannzen haus und alles waß drinen ist und außer deß haus herumb ist † † † also so soll mier Simmadt Maureder[3]) mein haus und hoff leith und vieh undt alles waß under meinen dachdrauffen ist, das sohl gesegnt und behied sein † † † durch dissen h. St. Jacob segen.

In namen gott deß vatters und gott deß sohns undt gott des h. geistes amen[4])."

Aus der im Ratsprotokoll vom 8. August 1680 enthaltenen Vernehmung des Sigmund Maureder:

„Der weber ist kheinesweegs gestendtig, daß er waß verhailt haben solle, wie er dann öffters bluettig geschlagen worden seye, auch dises daß er waß verhailt heben solte, niehmalm geredt; allein weill er noch leedig gewest, hab er Passauerische zetln gebraucht und selber geschlagen und gefressen, da seye er bei 24 stundt sicher gewest, er habe aber sowohl das eysen stöckhl als die zetln alles vor vill jahren schon weeg und in ein wasser geworffen und seithero nichts gebraucht[5])."

62. RIEMEN AUS DER HAUT ERHÄNGTER ALS ZAUBERMITTEL (KRAMPFSTILLEN, GEBURTSBEFÖRDERUNG).

St. L. A., Sond.-Arch. Rotenfels, Schub. 97, Heft 371 (7. Zauberei- und Hexenprozesse). Verhörsprotokoll des Landgerichts Rotenfels vom 8. Mai 1681.

---

[1]) Siehe Anm. 2, S. 46. [2]) Offenbar die Fahrhabe.

[3]) Siehe Anm. 4, S. 46.

[4]) Einer der zahlreichen Wetter- und Feuersegen (vgl. ähnliche bei Marie Andree-Eysn, S. 103ff.; Sartori II, S. 17ff.; Fehrle, Zauber und Segen, S. 58; Wuttke, S. 175).

[5]) Es handelte sich hier um sogenannte Eßzettel, Zettel mit irgendeiner Beschwörung, die verschluckt werden, um besonders wirksam zu sein. Der Brauch bestand schon im klassischen Altertum und wird noch heute an Wallfahrtsorten (z. B. in Maria-Zell „Maria-Zeller Bildl") geübt (Andree-Eysn, S. 120, und Wuttke, S. 177ff., 319ff., sowie Stemplinger, S. 65.

Gütliches Verhör mit Gertraud Müllerin, Bürgerin und Maurerin zu Ober-Wölz, bei welcher verdächtige Gegenstände gefunden worden sind, die sie vom Gerichtsdiener von Frauenburg erhandelt hat. Aus dem Verhör:

„Der lengere sey ein menschen riem, zur weibergeburt fürderlich, daß khlaine trümbl hette ihro des gerichtsdiener zu Fraunburg für den khramb[1]), weillen ihr etlich mall darvon die adern aufgesprungen, geben, aber nicht von ihm erkhaufft, sondern nur ein mäßl wein und $^1/_4$ pier sambt ain tailler[2]) khraut geben, sey von dem erhenkhten Fünster.

Seit sich der Fünster erhenkht hette, sey der gerichtsdiener in ihr hauß khomen, sy befragt, ob sy zu ihren fueß dan nichts brauche, und khein menschenriemb habe, er wolte ihr ain trümbl von deß Finster riemb geben, sols darzue khnüpfen, so werde sy bey den khrampf sicher sein . . .

Das hette sy allzeit gehört, daß er (scil. der Menschenriemen) zur weibergeburt nuzlich und fürderlich sey, dahero sy ainer hebam ain trüml darvongeben, sonsten hett sy solchen umb 5 groschen erkhaufft[3])."

63. WOLFBANNEN, HEXENBRENNEN, FERNMISSHANDLUNG, MILCHVERZAUBERN, VIEHVERSPRENGEN, FUHRMANNVERSPERREN.

(Siehe 10, 30, 34, 48, 54, 70; 31, 32, 41, 53, 64.)

L. R. A. Ea. 1701, XI, 4. Obdach.

Strafprozeß gegen den 24jährigen Viehhüter und Almbettler Paul Perwolf vor dem Markt- und Landgericht Obdach wegen Wolfbannen und Zauberei.

Paul Perwolf gibt zu, ein Wolfbanner zu sein, fünf Wölfe zu haben, die ihm der Teufel geschenkt habe, auf denen er reiten konnte und die er zum Zerreißen des Viehs ihm mißgünstiger Menschen verwendete[4]). *Aus dem Verhörsprotokoll vom 13. August 1701:*

„In Hierzegg außer des dorf rechter handt gegen dem Hierzegger winkhl hab er verwichnen herbst bey einer pauerin spökh gebetlet, die hab ihm aber dem spökh verlaugnet unnd nichts alß ein bißl brodt geben; destwegen er undter dem hauß, auf der hundtsgassen[5]), ein von dem hauß außgeworfenes, gefundenes s. v. gestunkhenes schweinsfleisch genomben unnd in s. v. sautrog gelegt, warüber der paurin den 4. ten tag zway s. v. schwein verdorben . . .

Waß seine wölf erbeißen, das fressen sie dem ersten tag nit, sondern erst dem dritn tag, das sey in der ordnung. Sie weren auch so leicht, alß andere wölf zuschießen, das hab er von denen jägern gehördt, man soll sie mit ablaßpfening oder mit bley, warundter donnerstrallen[6]) geriert, schießen; dises hab ihme der Khullmayrsche jäger gesagt, das vom Klain Micherl, welcher ein halter, ainer geschossen worden . . .[7])

---

[1]) Krampf = Krampfadern.

[2]) Teller.

[3]) Menschenhaut als geburtshilfliches Mittel ist sehr alter volksmedizinischer Aberglaube. Die gegerbte Menschenhaut wurde im Mittelalter als Leibbinde zur Geburtsbeförderung getragen (Hovorka-Kronfeld [nach Höfler] I, S. 298).

[4]) Der Fall ist ausführlich behandelt von Byloff, Wolfbannerei.

[5]) Die Strecke vor dem Hofe, auf welcher der wachende Haushund, wenn er an einer Schleifkette befestigt ist, auf und ab laufen kann.

[6]) Wahrscheinlich Spießglanz. Man könnte auch an Meteorsteine denken, wenn diese nicht zu selten wären. Die Donnersteine sind versteinerte Seeigel (Hovorka-Kronfeld II, S. 64).

[7]) Ablaßpfennige sind Gedenkmünzen, die als Quittung für das geleistete Almosen gegeben werden. Sie dienen mancherorten als Amulett (Hdwtb. d. d. A. I, S. 91). Vgl. übrigens über die besonderen Vorkehrungen, um den Bann- oder Werwolf zu schießen, Wuttke, S. 278.

Vor 4 jahrn nach St. Ilgentag, alß der einnemberin zu Praitenegg durch eine paucrin, die Minzer Hoißlin genandt, die khüe verzaubert worden, hab ihm die einnemberin einen 7ner zu lohn geben, darauf er in des einnember thürschwell, wo die khüe auß unnd eingangen, ein loch außgraben unnd von alln khüen ein neu gemolchene milch genomben, dieselbe in das loch gossen; hernach hab er einem vorstekhen[1]) glient gemacht unnd in das loch gestekht, darzue gesprochen, ich brenn nit die milch oder den rämb, sondern ich brenn die hex, die die milch entziehen thuet, unnd hab dem vorstekhen in dem loch abkhüellen lassen, warüber die Hoisellin tochter seither auf und auf, unnd selbiger seithen auch der fueß unnd die hendt verbrendt worden.

Fehrers hab ihme bemelter halter der Khoini Jörg[2]) gelehrnet, das er ainem auch über 100 meill wegs briglen khüne. Darzue müesse man haben ein weiß haßlen stekhen, der am h. charfreytag in driten schnidt abgeschnittn, unnd ein messer, das mit 9 creiz unnd 9 monschein[3]) am h. charfreytag geschmidt worden. Wan er nun ainem briglen will, so mueß er dessen tauf- unnd zuenamben wissen, hernach sein aignen rokh außziechen unnd das messer undter dem rokh legen, darzue sagen, du hundt ich brigl dich in teufls namben, unnd soll mit dem haßlen stekhen auf dem rokh zueschlagen. Auf solche weiß hab ihme dep. ein österreichischer halter nambens Änderl, der mit ihme garthen[4]) gangen unnd sich miteinander wegen thaillung der gaab zerkriegt, vor 2 jahrn dergestalt gebriglet, daß er hernach auf der trag herumb tragen worden ...[5])

In Obdacher pfaar in der Gränizen verwichnen winther ein wienkh vor ostern hab er unnd ein anderer halter nambens Änderl, der bey dem Mayr in Gaißbach gehalten, mit einem messer mit 9 creizen unnd 9 monschein, so an ainen charfreytag gemacht worden unnd er dep. von dem sengsenschmidtknecht zu Eppenstain bekhumben[3]), bey einem pauern, dessen pauerin ihnen khein gaab geben, sondern greint unnd sie außgescholten, bey dem wassertrog alln khüen die tritt außgestochen[6]) unnd in trog geworfen, darzue gesagt, sie wurfen es hierin in teufls namben unnd solten in zwey tag unnd nächt khein milch khrüegen, so auch beschechen unnd haben die khüe bluet geben.

Damit die khüe nit auf die sizstatt[7]) gehen, hab er es also gemacht. Er hab s. v. das koth von der sizstatt genomben unnd in ein ameßhauffen getragen, darzue gesagt, so wenig alß die amesen beysamben bleiben, so wenig sollen die khüe auf der sizstatt bleiben, unnd dises hab er vor 11 iahren seinem aignen gespan dem Khullmayrschen halter gemacht.

. . . .

[1]) Der eiserne Vorstecker (Riegel) vor der Stalltür. Der hier geschilderte Vorfall ist eine überaus verbreitete Form des Hexenbrennens (Wuttke, S. 449).

[2]) Derselbe, der ihn das Wolfbannen gelehrt hat.

[3]) = Mondbilder. Es handelt sich hier um ein sogenanntes Trudenmesser, wie es Seligmann, Tafel XIX, Fig. 64c, abbildet; ebenso bei Andree-Eysn, S. 137.

[4]) = landstreichen, ein ursprünglich der Landsknechtsprache entstammendes Wort („auf der Gart ziehen“, „gartende Knechte“ usw.).

[5]) Es handelt sich hier um eine uralte Form des Analogiezaubers. Man beachte, daß z. B. E. T. A. Hoffmann im „Klein Zaches“ in ganz ähnlicher Weise eine Züchtigung schildert, die dem bösen Zwerge Zinnober zuteil wird. Derselbe Zauber bei Wuttke, S. 109, 270.

[6]) Über den Fußspurenzauber vgl. die zahlreichen Belege und Literaturnachweise bei Seligmann, S. 153ff. „Die Fußspur, die ein Mensch oder Tier auf dem Erdboden hinterläßt, steht im innigsten Zusammenhang mit ihm, sie ist ein Teil seiner Seele. Manipulationen, die man mit einer Fußspur ausübt, müssen daher den Menschen oder das Tier, die diese hinterlassen haben, selbst treffen.“

[7]) = Ruheplatz des Weideviehes.

Wan er einem fuehrman auf der straßen spören will, so nembe er einem tottennagl, ein nadl, warmit ein leich eingenädt worden, unnd ein holz, warvon ein hiersch genagen, verstökhe es in das roß gschier, so khan der fuehrman nit furth fahren, das hab er des graffen von Silberberg in Kärndten seinem fuehrman bewißen, weillen derselbe nit still gehalten, daß er dep. mit seiner fuehr außweichen khünen[1])."

64. WOLFBANNEREI.

(Siehe 31, 32, 41, 53, 63.)

St. L. A., Sond.-Arch. Rotenfels, Schub. 97, Heft 371 (7. Zauberei- und Hexenprozesse). Vortrag und Urteil des Bannrichters Anton Mathias von Utschan im Landgericht Rotenfels vom 20. September 1719.

Beim Landgericht Rotenfels ist der „alte, auch zimblich ainfältige" *Jakob Kranawether aus Spital bei Friesach, anscheinend ein Landstreicher, unter dem Verdachte der Wolfbannerei in Haft. Der Bannrichter hat folgendes festgestellt:*

„daß er inquisitus Kranawether im monath augusti 1718, bey welchem aber nichts verdächtiges in visitierung dessen gefunden worden, von dem aldasigen gerichtsdiener Peter Parckhfridt in ansehung dessen, daß ihme Parckhfridt wissend wär, wie daß der Muerauerische gerichts diener zu St. Peter[2]) einen wolfsbanner[3]) aufgesuechet, er auch von den würthen aldorten Hansen Gurmann vulgo Hansl hintern Ofen vernomben, wie daß er einen solchen menschen kenne, welcher aller zrissen dahergehe und ihme ein in aberglauberischen sachen bestehendes giggis gaggis erzehlet, anbey auch in specie vermeldet hete mit vorzaigung eines glaß, daß mann mit disem, wan über ein solches meessen gelesen werden, alle berg durchsehen könnte[4]), gefänglich eingebracht, anvor aber, ob er ein wolffsbanner seye, von mehr besagten gerichtsdiener Parckhfridt befraget worden, welcher zwar erstens mit nain die frag beanthwortet, alß nun er Parckhfridt ihme inquisitum ferers mit disen formalien angeredet, er solle es nicht laugnen, er hete es schon erfahren, worüber er inquisitus im solches entlichen bestanden, worauff er auch zu den alhiesigen stattrichter[5]) Mathiasen Pichler gefiehrt, von ihme examinieret und nach bekantnus dessen dem landgericht Rottenfels übergeben worden ist, bey welchem er inquisitus ebenfahls ein solches mit etwelchen umbständen (das er nemblichen durch zwey wölffe dem Martin Schwager vulgo Präntl in Gragau im monath Augusti 1718 drey oxen und zwey kälber hete zerkrazen oder beschädigen lassen) zwar bekräfftiget, bey abfiehrung aber dises proceß ein solches totaliter warhafftig widersprochen hat, zumahlen so wohl der gerichtsdiener Parckhfridt die erste bekantnus widerrechtlichen et citra veritatem von ihme einfältigen inquisito Kranawether erpresset und in der person des von dem obermelten Hansls Hintermoser angegebenen wolffsbanner gänzlichen gefählet hat; alß auch wider ihne inquisitum, da ich in die bey dem landtgericht angesagte umbstände oder zuegefigten schaden ordentlich inquirirret, sich nichts verläßliches geeüßert, zu-

---

[1]) Das ist das Festbannen von Fuhrwerken, in Baden „Bestellen", in Kärnten und Steiermark „Versperren" genannt (vgl. E. H. Meyer, Badisches Volksleben, S. 557, und Mengis im Hdwtb. d. d. A., S. 878).

[2]) St. Peter am Kammersberg.

[3]) Vgl. über diese mit dem Werwolfglauben im Zusammenhang stehende Vorstellung Byloff, Wolfbannerei. Das Vorkommen von Wolfbannerprozessen ist in Steiermark und Salzburg auf den oberen Murboden und auf das Ennstal beschränkt.

[4]) Offenbar der sogenannte Bergspiegel (Wuttke, S. 245ff.).

[5]) D. i. der Stadt Ober-Wölz.

mahlen auch ihme Martin Schwager kein einziger ox noch zwey källber beschädiget worden seind; dero wegen öffters ernenter inquisitus in rei veritate ein jahr lang und etliche wochen unschuldig mit dem arrest in eysen und bandten beleget worden were[1])."

65. GLÜCKSTALISMAN, CHRISTOPHGEBET.

Archiv der Stadt Freistadt O.-Ö. 1728.

Strafprozeß gegen Peter Ferdinand Käselister wegen Teufelsbund.

Aus dem gütlichen Verhör des Bäckerjungen Johann Langthaller vom 6. August 1728 durch das Stadt- und Landgericht Linz:

(Der Beschuldigte — ein wandernder Bäckergeselle — ist wegen Besitzes abergläubischer Gebete und Gegenstände verhaftet worden.)

Frage 35: „Auß waß ursachen er dann den gedörthen frosch, wax, schwarze pfening, gedörthes wolffsfleisch, holz, vierblätleten klee, widthopff föderl und rauchen[2]) bey sich getragen? Thailß zur verhüettung des s. v. ohngeziffers, thailß aber demit er in verkhauffung deß brodts glückh haben solle[3])."

(Im weiteren Verlauf des Verhörs gesteht der Beschuldigte, zwar nicht das Coronagebet, wohl aber das Christophgebet gebetet zu haben.)

Frage 39: „Waß er hiebey thuen unnd beobachten müessen? Habe ain geweichtes liecht gehabt, das er alß geweichter von dem leebzelter in der Freystatt erkhauffet, sodann mit ainer geweichten heyl. drey könig kreiden[4]), die er von herrn capucinern zu Freystatt bekhommen, drey kraiß und zwar den ersten in nahmen gott deß vatters, den anderten in nahmen gott deß sohns, den dritten aber in nahmen gott des heyl. geistes gemacht, sich mit dem liecht in den innersten kraiß begeben, alda nidergekhnüet und aine halbe stund lang auß dem büechl gebettet. Jedoch hätte er nichts gesechen, gehört oder bekhomben. Vorhero aber hätte selbiger drey tag meeß gehöret, hiebey rosencränz gebettet, auch mit wasser und brodt gefastet."

66. ABTREIBUNGSMITTEL.

(Siehe 68.)

Stadtarchiv Freistadt O.-Ö. Gütliches Verhör mit der des einfachen Ehebruchs bezichtigten Magdalena Haßlingerin, 28. September 1734.

Aus dem Verhör:

„Nachdem ihr das geblüeth 2 monnath lang außgebliben, habe sye gegen dem schneider alß beede das drittemall miteinander zuthuen gehabt, vermeldet, sye glaube, sye seye schwanger, darauf er ihr alsogleich einen sibner geben und ge-

---

1) Das Urteil lautet daher nur auf 20 Stockschläge; der Gerichtsdiener erhält einen Verweis.

2) Räuchermittel, wahrscheinlich Weihrauch. Möglicherweise auch Pelzhaare (Rauchwerk).

3) Über die hier angeführten Talismane vgl. bezüglich des getrockneten Wolfsfleisches Hovorka-Kronfeld II, S. 869 (bei den Slowaken des Neutraer Komitats gilt es als Amulett gegen den bösen Blick); bezüglich des Wiedehopfes ebendort I, S. 451 (wer den Kopf eines Wiedehopfes in der Tasche trägt, kann von niemand betrogen werden), Wuttke, S. 408; bezüglich des Frosches oder der Kröte ist zu merken, daß die letztere ein Seelentier ist, weshalb sie nach dem Volksglauben nicht absterben kann, auch wenn sie getrocknet wird; darum steckt die Seele auch noch in dem Krötenamulett und bringt Glück (Hovorka-Kronfeld I, S. 260ff., und Wuttke, S. 116ff.). Der schwarze Pfennig ist der Heckpfennig (Wuttke, S. 408).

4) Am Vortag des Dreikönigtages wird in katholischen Gegenden Wasser, Salz und Kreide geweiht; alle drei dienen als Schutz gegen Bezauberung (Wuttke, S. 69, 281). Vgl. die Nachweise bei Franz, Benediktionen. Das Christophorusgebet war eines der verbreitetsten Schatzgebete (Wuttke, S. 612).

sagt, sye solle ein bier kauffen und darin einen gestoilenen segenbaumb[1]) und etwaß von einem schliff[2]) sieden, folgents dises getrankh etlichemall warmben einnemben, werde bald widerumben anderß werden.

67. AMULETT GEGEN RAUBÜBERFÄLLE.

(Siehe 45.)

L. R. A. Cop. 1741, I, 36. Bericht des Richters und Rates der kaiserlichen Kammerstadt Pettau an die innerösterreichische Regierung über die Strafsache gegen Johann Georg Stikhl wegen Magie und Ehebruch vom 19. August 1740.

Johann Georg Stikhl, Bürger und Hutmacher in Pettau, wird u. a. wegen abergläubischer Künste verfolgt, weil bei ihm ein versiegeltes Päckchen gefunden worden ist, das er nach dem Ergebnisse der Untersuchung auf einem Markte vom Freimann zu Agram (Kroatien) Mathias Puntzer zu dem Zwecke eingetauscht hat, um auf seinen Marktreisen vor Raubüberfällen sicher zu sein. Das Päckchen wird bei Gericht eröffnet und enthält:

„sothane verbotene stückh, so in ainen stikhl von ainen gerichtsstabl[3]), ainen finger von ainen armben sünder[4]), ainen eysennagl, wo(r)mit der armbe sünder angenaglet gewesen, item ainen pain von ainen armben sünder schlaff, ainen erdten unter den hohgericht, dahin der s. v. urin des armben sünders gefahlen[5]), nebst ainen andern khugerl unwissent, was es seye[6]).“

68. ABTREIBUNGSMITTEL.

(Siehe 66.)

Archiv der Stadt Freistadt O.-Ö. 1747.

Kindesmordprozeß gegen die Katharina Sollbergerin.

Aus dem Verhör der Zeugin Maria Glaßnerin vom 12. April 1747:

„Constituta seye zu der Mahlerin beym Linzer thor in der Freystatt ungefehr nach denen osterfeyertagen 1746 gegangen und hab ihr erzölt, das ihrer maimb schon so lang die mannatliche zeit ausbleibe, mit dem ersuechen ihr was nuzliches zu dero widerumbiger überkhombung zu geben, worauf ihr die Mahlerin angerathen: ain pabl rosen[7]), umb ain kr. margaran stupp[8]) und lorbeln[9]) zu nehmen und solche in einen seitl wein zu sieden, mit dem beysatz, das sye dem menschen dises tränckhl nach und nach zu trünckhen geben solle . . .[10]).“

---

[1]) Sebenbaum (Juniperus Sabina L.), eines der bekanntesten bäuerlichen Abtreibemittel (Marzell, Kräuterbuch, S. 138, und Hovorka-Kronfeld I, S. 365ff.).

[2]) Schleifstein, ebenfalls ein weitverbreitetes Abtreibemittel (in Österreich, Ungarn und bei den Huzulen) (Hovorka-Kronfeld, S. 173).

[3]) Das Holzstäbchen, welches nach uraltem Brauch nach Verkündigung des Todesurteiles gebrochen und dem Verurteilten vor die Füße geworfen wurde.

[4]) Der Diebsfinger, der weite Verbreitung als Verbrechertalisman hat. Hier soll er vor Verbrechern schützen.

[5]) Die Hochgerichtserde, auf die die letzten Ausscheidungen des Hingerichteten fallen, spielt u. a. auch bei der sagenhaften Entstehung der Alraunwurzel eine Rolle.

[6]) Zu diesem Diebstalisman vgl. Wuttke, S. 136ff., „Alles, was von einem Hingerichteten herrührt, ist glückbringend; ein Fingerglied oder ein anderes Knöchelchen eines „armen Sünders“, in dem Geldbeutel aufbewahrt, schafft reichlich Geld und läßt den Beutel nie leer werden.“

[7]) Blüte von Viburnum lantana L., vielleicht auch Althaea rosea L. oder Malva silvestris L. (Marzell, S. 221, 337).

[8]) Majoranpulver (Origanum Majorana L.).

[9]) Lorbeeren (Laurus nobilis L.).

[10]) Über Majoran und Lorbeeren als Fruchtabtreibungsmittel in der Volksmedizin vgl. Hovorka-Kronfeld I, S. 33ff., 168, 283; über Althaea I, S. 165.

69. BLUTSTILLZAUBER.

Archiv der Stadt Freistadt O.-Ö. Strafakt gegen den Chirurgengesellen Anton Neußer 1763.

Dem Beschuldigten, der unter dem Verdacht des Taschendiebstahls verhaftet wurde, wird hierbei ein Zettel abgenommen, auf welchem folgender Zauberspruch steht:

„Blutt stöhlung. O herr Jesu Christ, dir sindt 3 blumen unter deinen herzen gewachsen. Das erste ist die gottheit. Das 2te ist die gerechtigkeit, das 3te ist dir dein göttlicher wüll: also stehe dir N. N. dein bluet stül! in nahmen gott des vatters † und des sohnes † und des heylligen geistes † amen. Bette 3 vatter unser und 3 ave Maria und einen glauben[1]).“

70. MILCHZAUBER.

(Siehe 10, 30, 34, 48, 54, 63.)

Kärntner Geschichtsverein Klagenfurt, Sammelarchiv, Fasz. „Hexen“, 1772[2]).

Strafprozeß des Landgerichts Althofen gegen Blasi Weitschacher wegen Aberglauben.

Aus dem Verhör des Beschuldigten vom 1. Oktober 1772:

(Der Beschuldigte hat aus Rache gegen einen Bauern, der ihm als Almhüter kündigte, Nieten von Hufnägeln in den Milchrührkübel geschlagen, um das Zusammengehen der Milch zu verhindern. Auf die Frage, woher er dies habe, antwortet er:)

„Ich hab von einem alten schon gestorbenen schmid auf der Beschagbrucken vernommen, daß er seinen leuthen befohlen, sie sollen die nieten von den hufnägeln hinweckbutzen, dann wenn man die nieten von neuen nägeln in die kübl schlag, könne man nicht zusamrühren, wenn man aber die niethen von den alten nägeln einschlage, könne man wiederum zusamrühren. Dieses hab ich mir gemerket und aus gram gegen dem Schotlhoffer nieten von neuen hufnägeln in die rührkübl auf der prentlerey oder schwaiz[3]) geschlagen, alß ich aber gehört, daß sie nicht zusam rühren könnten, hat es mich wiederum gereuet und ich habe der prentlerin angezeigt, wo ich die nieten hingeschlagen, selbe herausziehen geheißen und derselben alte nieten zum einschlagen gegeben, damit dem übl wiederum abzuhelfen[4]).“

71. DES TEUFELS KAPPE.

St. L. A., Sond.-Arch. Göß (Gerichtswesen). Gerichtsprotokoll des Frauenstifts Göß 1773, S. 124ff.

Verhör mit dem 24jährigen Sensenschmiedssohn Jakob Kirchmüller in Göß vom 8. Januar 1773:

„Es kame, so vill mir gedunckt, ware es noch vor Allerheiligen, ein bettlender alter sengsschmidtbub, sie heißen ihn den Schneidenauer, zu uns, es kennen ihm die meisten, er kann nicht mehr arbeithen, er erhaltet sich mit bettlen, und brauchen

---

[1]) Über Besprechungsformeln Wuttke, S. 167, 324ff; über Blutsegen im besonderen Hovorka-Kronfeld I, S. 82ff., II, S. 370ff., sowie Ebermann, Blut- und Wundsegen; weitere Literatur bei E. Mogk in Hoops, Reallexikon IV, 581. Die deutschen Blutsegen operieren fast regelmäßig mit der mystischen Dreizahl.

[2]) Angezeigt von Wutte, S. 43.

[3]) D. h. in der Almwirtschaft.

[4]) Es handelt sich hier um eine Form des Eisenzaubers (Seligmann, S. 161ff.). Der Abwehrzauber für die Butterbereitung weist zahllose Formen auf (vgl. Sartori II, S. 143ff., und Wuttke, S. 448ff.).

ihm auch zum foppen, dieser erzehlte unter andern auf die nacht vor dem essen in der stuben in meinem und den übrigen sengsenschmidtknechten, als des eßmeisters, abrichters, abschinners und dergleichen beyseyn, daß man nicht glücklicher seyn kunte, als wann mann das meßner käpl, dieses wäre des teufels sein käpl, überkommete; er erzehlte, daß er es einst gehabt habe, es wäre gar leicht zu bekommen, man därfe sonst nichts als wie von fueß bis auf den kopf ein weißes gwandt anlegen, die nädt aber müsten alle auswendig gemacht werden; dieses müste mann sodann in der christnacht anlegen, und darmit in der nacht zu dem amt in die kirchen gehn; es brauchte sonst nichts, so bald man in diesem aufzug in die kirchen kommete, sehete mann schon den teuffl in gestalt eines jägers mit sein käpl auf dem kopf vorwerts herunter dem hochaltar knüen, hinter diesen müste mann niderknüen, und da wehrenden amt alle hexen zum opfer gehen müsten, so kunte mann somit alle, welche hexen seyen, kennen lehrnen, andere leuth aber seheten sie nicht; alsdann müste mann auf dem teuffl acht haben, denn sobald sie das sanctus leiten, nehme er sein käpl von kopf und legte es neben sich, da wurde mann auch sehen, daß er hörndl am kopf habe; sobald er nun das käpl neben sich gelegt, müste mann es zu erwischen, und damit, bevor die wandlung vorbey ist, bey der kirchen hinauszukommen trachten, weill der teufl vor ende der wandlung nicht hinauß durfte; alsdann müste der teufl nachkommen und endtecken, zu was allen sein käpl zu gebrauchen wäre. Dieses nun habe er Schneidenauerbub auch einst gethan, wie er vorgegeben, und das käpl richtig bekommen, und sich darmit in ein hauß begeben, der teufel wäre wohl gleich, und zwar geschwinder, als er noch die wandlung vorüber zu seyn glaubte, nachgekommen und hätte ihm bey einen fenster hinein gesagt, zu was es zu gebrauchen wäre, er habe aber nichts darvon verstanden, mithin nichts anders gesehen, als das es allerhand farben hätte; und weil er somit das käpl nicht zu gebrauchen wuste, so hätte er es seiner mutter gegeben, die mutter aber einen sengsenschmidt verkauft und diser wäre darüber sehr reich worden.

Nun dieses alles habe ich mir gemerckt und gedenckt, daß ich es auch, weil das mittel es zu bekommen so leicht ist, versuchen wollte; ich ließe mir allso bei 14 täg oder 3 wochen vor Weihnachten ein solches kleyd, und zwar bloß nach meinen geduncken folgende stuck bey dem schneider Prugger zu Göß machen, als ein hemmeth, ein lange weiße kutten, wie die kreuzzieher[1]) haben, und ein kapuzen, dann hosen und strümpf, so in einen stuck ware, und endlich auch leinerne schuch, die nadt aber durchaus auswendig. Der Schneider fragte mich wohl, warumb dann die nadt auswendig, ich aber sagte ihm, weil ich in eine berglucken schlieffen wollte, und auf diese arth das verborgene ärzt leichter sehen kunte[2]). Wie ich nun das gewandt hatte, so baste ich schon auf den khristag. Sontags vorhero allso nachmittag meldete ich mich bey dem Graber in der stadtpfarr, ob ich nicht am pfingstag[3]) auf die nacht bey ihnen drüben bleiben durfte, damit

[1]) An anderen Stellen wird dieses Kreuzziehergewand auch „Peitscher"- oder „Büßer"-Gewand genannt. Es handelt sich also um eine besondere Kleidung von Teilnehmern an den kirchlichen Festlichkeiten der Karwoche, vielleicht auch um die Tracht wandernder Büßer. Die in der Beichte auferlegte Verpflichtung, zur Sühne einer Schuld ein Kreuz an einen Wallfahrtsort zu tragen oder zu ziehen, läßt sich in Steiermark öfters nachweisen. Das Kreuzziehergewand war den Teilnehmern an der Mette so bekannt, daß ihnen die kniende Büßergestalt nach dem Zeugnisse des Stadtpfarrers gar nicht auffiel.

[2]) Hinweis auf einen Bergmannsaberglauben, der für das Suchen von Erz ebenfalls eine bestimmte Tracht verlangt.

[3]) Donnerstag.

(ich) bey der nacht die metten nicht versaumete. Der Graber kennete mich bald, daß ich der sengschmidtsohn von Göß seye und erlaubte es allso mir zu kommen. Ich kame also pfingstags[1]) in der khristnacht um 9 uhr zu dem Graber und truge in einen binggl mein weißes gewandt unter der axl, die Graberin lage, seine 2 söhn, die goggen[2]) waren zu hauß, der Graber aber nicht. Wie sie das erste zur metten geläutet, dachte ich, jezt ist es zeit zu gehen, und leichtete mir dieser sohn, so ein schuster ware, über die stiegen herab. Herunten sagte ich, er sollte mir das hauß offen lassen, weil ich unter dem amt ausgehen wurde, er sagte, was ich dann allso machen wurde, so sagte ich ihme, daß ich mich jezt mit disen bey mir habenden gewandt überlegen und alsdann des teufels sein kappen zu bekommen sehen würde, und verhiesse mir offen zu lassen. Ich gienge somit in die kirchen, als noch kaum 5 oder 6 persohnen darinnen waren, der meßner sache mich zum ersten und schosse gleich auf die seiten, ich gienge somit vorwerts gegen den hochaltar und knüete alldort auf der rechten seiten neben dem stull nider. Alsdann über eine zeit hielten sie vor dem amt die vigill oder wie manns heist, der geistliche herr Stanzinger knüete gleich in stull darneben, ich knüete dort durch die ganze vigill und durch das ganze amt und bettete zu weillen etwaß, so vill mir die kälte zueließe, ich sahe aber von anfang bis zum ende weder hexen, weder den teufel mit seinen mesnerkäpl[3])[4])[5]) ..."

72. FESTMACHEN DURCH DEN KALMANISEGEN.

St. L. A. Sond.-Arch. Donnersbach, Schub. 67 (Gericht, Kriminalprozesse), 1795.

Verleumdungsprozeß des Jägers Peter Leitner gegen den Bauernsohn Andreas Steiner vor dem Landgericht Donnersbach.

(Peter Leitner, der ob seiner Strenge bei den Bauern gefürchtete Herrschaftsjäger von Donnersbach, ist von Andreas Steiner insgemein Riezensohn angezeigt worden, daß er auf Steiner, den er beim Wildern ertappte, ohne Anlaß geschossen, ihn getroffen, aber nicht verletzt habe, weil die Kugel nur die Kleidung durchschlug, ohne tiefer einzudringen. Peter Leitner beantwortet diese Anzeige mit einer Verleumdungsklage[6]).)

---

[1]) Donnerstag.

[2]) Blödsinnige, Kretins.

[3]) Die Vorstellung, daß die Hexen in die Kirche gehen, und daß man sie durch gewisse Vorkehrungen sichtbar machen könne, ist in der steirischen Volkssage weit verbreitet. Man muß sich auf einen Schemel setzen, der in einer bestimmten Zeit aus verschiedenen Arten Holz gemacht worden ist; dann kann man in der Weihnachtsmette oder beim Hochamt am Pfingstsonntag die Hexen erkennen. Der verdiente steirische Forscher Prof. Franz Ferk hat zahlreiche Belege dieser Art aus Steiermark gesammelt (Mat. im Grazer Volkskundemuseum) (vgl. übrigens Wuttke, S. 257).

[4]) Das Strafverfahren endete mit dem Urteil vom 23. Januar 1773, wonach Jakob Kirchenmüller „seines gehabten tummen leicht- und aberglaubens, dann seiner hierunter verdeckt gehabten schändlichen absicht wegen" zu dreitägigem Arrest mit Wasser und Brot verfällt wurde.

[5]) Die Vorstellung von der glückbringenden Wirkung der Teufelskappe und der Art ihrer Eroberung findet sich auch sonst, so z. B. in Franken (Wuttke, S. 319, und Bavaria III, S. 309). Es mag auch an die (mir aus Steiermark bekannte) Redensart erinnert werden, wenn man einen verlegten Gegenstand nicht findet: „Da hat der Teufel seine Kappe darauf gelegt". Vgl. Wuttke, S. 415, der eine ähnliche schwäbische Redensart anführt. Den in der Volkssage vielfach vertretenen und hier wiederkehrenden Zug, daß sich der Teufel in kindischer Weise übertölpeln läßt (die Vorstellung vom dummen Teufel), hat die Teufelsvorstellung von den tölpischen Riesen der deutschen Mythologie übernommen (vgl. Grimm, S. 822ff.).

[6]) Peter Leitner ist der Held der in Donnersbach verbreiteten Sage vom „Jager Peterl", der selber fest war und „die ewige Gfrier" hatte (Gewährsmann Karl Reiterer). Vgl. 39.

Aus dem Verhör des Andreas Steiner vom 5. Februar 1795:

(Antwort auf die Frage 12, wieso es komme, daß die Kugel trotz des aus einer Entfernung von 30 bis 40 Schritten abgefeuerten Schusses nicht eingedrungen sei:)

„Ich habe mir aus dem Kalmaniseegen[1]), welchen der alte Ertleitner hat, einige gebetter gemerket. Diese habe ich gebettet und ich glaube, daß ich durch kraft dieses gebettes bin glücklich erhalten worden.

13. Weil du diese gebetter auswendig gemerket, so sage sie jezund her, wie heißen sie?

13. Kristi kreuz, steh bey mir, Christi kreuz bette ich an allezeit, Kriste kreuz überwinde mir alle feuer und wasser, Kriste kreuz überwinde mir alle waffen und feind, Kriste kreuz ist mir ein vollkomenes zeichen meiner armen seel, Kriste kreuz ist mir mein seel und leib das leben aller tag, und so bitte ich in namen gott des vaters, gott des sohns und gott des heiligen geistes Kriste kreuz eröfne mir auf alle glückseeligkeit, Kriste kreuz vertreibe mir alles übel, Kriste kreuz steh bey mir, kreuz hinter mir, kreuz vor mir, kreuz allenthalben um mich, vor all meinen feinden, sichtig oder unsichtig, die fliechen vor mir, so sie mich wissen oder hören, das hilft mir durch gott dem vater, gott dem sohn, und gott dem heiligen geist[2]).

14. Aus dieser deiner aussage erhellet nun ganz klar, daß du hiesiges gericht belügen und deine zuflucht zu dem aberglauben nehmen willst, denn obschon diese gebetter in sich selbst, wenn man sie ohne aberglauben mit wahrer andacht bettet, ganz gut sind, so ist doch der damit verbundene aberglauben höchst sündhaft, und von der kirche sowohl als dem gesezen schon längst ausgemacht, daß diese gebetter in derley fällen von gar keinen nutzen, und dich niemal fest oder gefroren machen könnten; ich ermahne dich also, daß du die reine wahrheit bekennen und nicht durch boßhaftes leugnen deine strafe vergrößeren sollest.

14. Was würde dann helfen, wenn das betten nicht helfen sollte. Es ist die reine wahrheit, ich kann es nicht anderst sagen."

73. HEILZAUBER.

St. L. A. Hdschr. Nr. 1484. Um 1850. Fraisenbrief aus der Gegend von Trieben.

„Frais-Brief. So ein kind oder alter mensch die frais hat.

Im namen gott des vaters und des sohnes und heil. geistes amen. Das wolle gott der herr Jesus Christ heut an diesen tag, auf daß ich alle siebenundsiebenzig frais tödten möge. Ich tödte es durch gottes große macht, ich tödte es durch den heiligen namen Jesu Christe alle siebenzig frais, reißende frais, rothe frais, abdorrende frais, zitternde frais, kalte frais, schreiende frais, fallende frais, abbrennende frais, spreitzende frais, stille frais, wüthende frais, geschwollene frais, gestossene frais; ich wende dirs N. durch gott den herrn Jesu Christi und durch seine heiligen fünf wunden, ich wende dirs N. durch heiliges sacrament, ich wende dirs N. durch sein heiliges evangelium, ich wende dirs N. durch den herrn Jesu Christi seine heiligen fünf wunden, ich wende dirs N. durch seine heiligen porten des himmels aus der gnade gottes geschöpfe, durch den lieben namen Jesu Christi,

[1]) Kolomanssegen.

[2]) Dieser in Süddeutschland weitverbreitete Segen ist in den Zauberschriften wiederholt abgedruckt (Wuttke, S. 191, 319). Der Glaube, daß der Colomani- (Kalmani-, auch Kulmoni-) Segen vor Verwundung schützt, ist u. a. in der Oberpfalz verbreitet (Brenner-Schäfer).

daß ich auch verbiethe, alle sieben und siebenzig frais, ich wende dirs N. alle berg und thal, und durch alle fließende wasser ab, auf das der leib ruhen und rasten mag bis auf den jüngsten tag, darin unser lieber herr Jesu Christi kommen wird und auferwecken die lebendigen und die todten, durch die verdienst, da er sein heil. haupt geneigt und seinem himmlischen vater aufgegeben, das helfe dir N. gott der vater, der dich erschaffen hat, und gott der sohn, der dich érlöset hat, und gott der h. geist, der dich in der heil. tauf geheiliget hat, amen.

Jesus, Maria, Josef mein
laßt mich euer pflegkind sein,
ewig ganz euer sein will ich,
ganz eigen euch befehl ich mich,
Jesus, Maria, Josef.

Ihr wißt daß ich ganz euer da,
nicht kommt ihr aus meinen herz noch sinn,
bewahrt wohl was euer ist,
daß nicht entführt des teufels list,
Jesus, Maria, Josef.

Ihr seid mein trost und zuversicht,
in allem was mir immer geschieht,
darum ich euch demüthig bitt
im leben und tod verlaßt mich nicht.
Jesus, Maria, Josef.

Ohn euch ich nie nichts fange an,
ohn euch ich nichts verbergen kann,
steht mir bei in jedem werk,
mit eurer güte, weisheit, stärke.
Jesus, Maria, Josef.

O, mir liebste und letzte wort,
schließt mir auf die himmelsport,
weil ich nur euch eigen bin,
zu euch in himmel nehmt mich hin.
Jesus, Maria, Josef.

Verzeihung meiner sünden erwerbt,
daß ich in gottes gnaden sterb,
in eure hand befehl ich mich,
euch lob ich gott ewiglich.
Jesus, Maria, Josef.

Vor allezeit sind gebenedeyt,
ihr meine drei herzliebste seid,
der heiligsten dreifaltigkeit sei dank, ehre, preis in ewigkeit.
Jesus, Maria, Josef.

Allso soll man den brief über den kranken menschen, der die frais hat, dreimal lesen, und nennt den menschen bei dem namen, wo das N. stehet, und darnach soll man diesen brief dem kranken menschen auf die brust legen, bis sichs thut enden zum leben oder zum sterben. Und die leute, die bei dem menschen sein, sollen niederknien und 7 vater unser und 7 ave Maria und einen glauben mit andacht bethen zu ehren des bittern leidens und sterbens unsers lieben herrn Jesu Christi, auf daß ihn gott von seiner pein und marter erledige, es sei zum leben oder sterben, o Jesu, amen[1] [2]."

---

[1]) Zwischen den Versen des Dreifaltigkeitsliedes klebt ein sogenannter Maria-Zeller-Zettel mit dem bekannten Bilde der Gottesmutter von Maria-Zell. Der Brief ist mehrfach gefaltet und zeigt Spuren starken Gebrauches.

[2]) Über Fraisen- (Eklampsie-) Behandlung in der Volksmedizin vgl. Fossel, S. 196ff. (die dort angeführten Arten der Fraisen decken sich vielfach mit den Unterscheidungen unseres Fraisenbriefes), über Fraisenbriefe Hovorka-Kronfeld II, S. 678, und Andree-Eysn, S. 125. Der dort S. 124 abgedruckte Fraisenbrief aus dem Museum in Schärding („gedruckt zu Straßburg bey Peter Auer") ist die Vorlage für unsere Quelle, die nur in einzelnen Schreib- und Verständnisfehlern von ihr abweicht. Kaum ein Krankheitszustand hat so reiche volksmedizinische und abergläubische Abwehrmittel ausgelöst, wie die Fraisen.

LITERATURVERZEICHNIS.

Aigremont: Volkserotik und Pflanzenwelt. 1919.
Ammann, Hartmann: Die Hexenprozesse im Fürstentum Brixen. Forschungen und Mitteilungen zur Geschichte Tirols und Vorarlbergs XI.
— Der Innsbrucker Hexenprozeß von 1485. Zeitschrift des Ferdinandeums für Tirol und Vorarlberg III, Heft 34.
Andree-Eysn, Marie: Volkskundliches aus dem bayrisch-österreichischen Alpengebiet. Braunschweig 1910.
Bächtold: Deutscher Soldatenbrauch und Soldatenglaube. 1917.
Bargheer: Die Eingeweide im deutschen Glauben und Brauch. Phil. Diss. Hamburg (Maschinenschrift) 1928.
Bavaria: Landes- und Volkskunde des Königreichs Bayern. 4 Bde. 1860—1867.
Blau, Dr. Ludwig: Das altjüdische Zauberwesen. Straßburg i. E. 1898.
Brenner-Schäfer: Darstellung der sanitätlichen Volkssitten usw. in der Oberpfalz. 1861.
Buschan, Georg: Die Sitten der Völker. 4. Bd. Das deutsche Volk in Sitte und Brauch.
Byloff, Dr. Fritz: Wolfbanner und Wolfbannereiprozesse in den österreichischen Alpenländern. Weidwerk, Jahrg. 1. Wien 1927.
— Verbrechen der Zauberei (Crimen magiae). Graz 1902.
— Nestelknüpfen und -lösen. Arch. f. Gesch. d. Med. XIX, Heft 2, 1927.
— Die Blutgenossenschaft des Zaubererjackl. Monatsschrift für Kriminalpsychologie und Strafrechtsreform, 18. Jahrg. 1927, Heft 8.
— Wolfbannerei. Oberdeutsche Zeitschrift für Volkskunde 1927, Heft 2, S. 127ff.
Clusius: Geschichte der Pflanzen Pannoniens. 1583.
Ebermann, O.: Blut- und Wundsegen in ihrer Entwicklung dargestellt. Berlin 1903.
Eckstein: Art. „abschneiden, Abgeschnittenes". Hdwtb. d. d. A. I, S. 100ff.
Fehrle, Eugen: Zauber und Segen. Jena 1926.
Fossel, Dr. V.: Volksmedizin und medizinischer Aberglaube in Steiermark, 2. Aufl. Graz 1886.
Franz: Die kirchlichen Benedictionen im Mittelalter. Freiburg 1909.
Frazer, Sir James George: Der goldene Zweig. Übersetzung von Dr. Helen v. Bauer. Leipzig, C. L. Hirschfeld 1928.
Fröhner, R.: Von Hexen und Viehverzauberung. Heft 7 der „Abhandlungen aus der Geschichte der Veterinärmedizin". 1925.
Frölich von Frölichsburg, J. Chr.: Commentarius zur C. C. C. Ulm 1714.
Geramb, Viktor: Der glühende Schab. Blätter für Heimatskunde, Jahrg. 2, Nr. 2/4.
— Die Kulturgeschichte der Rauchstuben. „Wörter und Sachen", Kulturhistorische Zeitschrift für Sprach- und Sachforschung IX, S. 1—67.
Gesemann, G.: Regenzauber in Deutschland. Diss. Braunschweig 1913.
Grimm, Jakob: Deutsche Mythologie. 4. Ausg., besorgt von Elard Hugo Meyer. Gütersloh 1877.
Hammer-Purgstall: Die Gallerin auf der Rieggersburg. 3. Bd. Urkundensammlung.
Hansen, Josef: Quellen und Untersuchungen zur Geschichte des Hexenwesens und der Hexenverfolgung im Mittelalter. Bonn 1901.
Hauser, Leopold Freiherr v.: Carinthia 1881, S. 121—124.
Heckscher, Kurt: Die Volkskunde des germanischen Kulturkreises. Hamburg 1925.
Heyne, Moriz: Das deutsche Wohnungswesen von den ältesten geschichtlichen Zeiten bis zum 16. Jahrhundert. 2 Bde. Leipzig 1899.
Hinkmar von Rheims: De divortio Lotharii et Tetbergae. Migne, Patrol. Ser. lat. CXXV interr. XV, S. 717ff.
Hoffmann, E. T. A.: Sämtliche Werke.
Hoops, Joh.: Reallexikon der germ. Altertumskunde. Straßburg 1912 ff.
Hovorka-Kronfeld: Vergleichende Volksmedizin. 2 Bde. Stuttgart 1908.
Jaksch, August von: Carinthia I, S. 7ff., 1894.

Kronfeld, Dr. M.: Zauberpflanzen und Amulette. Wien 1898.
— Der Krieg im Aberglauben und Volksglauben. München 1915.
Lexer, Matthias: Kärntisches Wörterbuch Leipzig 1862.
Luschin-Ebengreuth, Arnold von: Das lange Geld oder die Kipperzeit in Steiermark. Mitt. d. hist. Ver. f. Steiermark, Heft XXXVIII, S. 26ff. — Allgemeine Münzkunde und Geldgeschichte.
Malleus maleficarum (Jakob Sprenger und Heinrich Institoris). Francofurti 1600.
Marzell, Dr. Heinrich: Die Pflanzen im deutschen Volksleben. Jena, Verlag von Eugen Diederichs 1925.
— Neues illustriertes Kräuterbuch, 2. Aufl. Reutlingen 1923.
— Art. „Alraun". Hdwtb. d. d. A.
— Alte Heilkräuter. Jena 1926.
Mayer, Josef: Geschichte von Wiener-Neustadt. 3 Bde.
Mengis: Art. „Bann". Hdwtb. d. d. A. I, S. 878.
Meyer, Elard Hugo: Mythologie der Germanen. Straßburg 1903.
— Badisches Volksleben.
Mogk, E. in Hoops: Reallexikon IV, S. 581.
Müller-Bergström: Art. „Berserker". Hdwtb. d. d. A. I, S. 1093ff.
Neumann, H.: Art. „Bärenhäuter". Hdwtb. d. d. A. I, S. 910.
Peuckert: Art. „Bär". Hdwtb. d. d. A. I, S. 881ff.
Pfister: Art. „Analogiezauber". Hdwtb. d. d. A., S. 385.
Pohlmann, A.: Vom Aberglauben bei kirchlichen Handlungen in der Altmark. 1925.
Rapp, Ludwig: Die Hexenprozesse und ihre Gegner in Tirol, 2. Aufl. Brixen 1891.
Sartori, Paul: Sitte und Brauch. 3 Teile. Leipzig 1910.
Schalk, Karl: Mitteilungen des Vereins der Naturfreunde in Mödling, Nr. 22.
Schmeller, J. Andreas: Bayerisches Wörterbuch. Stuttgart und Tübingen 1827—1837.
Schröder- v. Künßberg: Lehrbuch der deutschen Rechtsgeschichte. 1922.
Seligmann, Dr. S.: Die magischen Heil- und Schutzmittel aus der unbelebten Natur. Stuttgart 1927.
Soldan-Heppe-Bauer: Geschichte der Hexenprozesse. München, Georg Müller.
Stemplinger, E.: Antike und moderne Volksmedizin. 1925.
Storm, Theodor: Gesammelte Werke.
Strack, Hermann L.: Das Blut im Glauben und Aberglauben der Menschheit. 8. Aufl. München 1900.
Unger-Khull, Steir. Wortschatz. Graz 1903.
Waschnitius, Dr. Viktor: Perht, Holda und verwandte Gestalten. Sitzungsber. d. kais. Akad. d. Wiss., phil.-hist. Kl., Bd. 174, 2. Abh.
Wutte, Dr. Martin: Hexenprozesse in Kärnten. Carinthia I, S. 44ff., 1927.
Wuttke, Ad.: Der deutsche Volksaberglaube der Gegenwart. 3. Aufl. von Elard Hugo Meyer. (Nach Seiten zitiert!)
Zahn, Josef v.: Steirische Miszellen. Graz 1899.
— Von Zauberern, Hexen und Wolfbannern. Steierm. Geschichtsblätter III.
Zingerle, Ignaz: Barbara Pachlerin, die Sarntaler Hexe, und Mathias Perger, der Lauterfresser. Innsbruck 1858.
— Johannissegen und Gertrudenminne. Sitzungsber. d. kais. Akad. d. Wiss., phil.-hist. Kl., Bd. 40.

Die Abkürzungen St. L. A. und L. R. A. bedeuten „Steiermärkisches Landesarchiv" und „Landesregierungsarchiv", beide in Graz. Hdwtb. d. d. A. bedeutet „Handwörterbuch des deutschen Aberglaubens", herausgegeben von Hanns Bächtold-Stäubli (Berlin u. Leipzig 1929).

PERSONEN- UND ORTSVERZEICHNIS.

Namen von Gerichtspersonen und Verurteilten sind mit zwei Ausnahmen hier nicht verzeichnet.

(Die Zahlen bedeuten die Seitenzahlen.)

SACHVERZEICHNIS.

(Die Zahlen bedeuten die Seitenzahlen.)

Volkskundliche Bibliographie. Im Auftrage des Verbandes deutscher Vereine für Volkskunde herausgegeben von E. HOFFMANN-KRAYER. Oktav.

Für das Jahr 1917. XV, 108 Seiten. 1919. 2.—
Für das Jahr 1918. V, 126 Seiten. 1920. 2.—
Für das Jahr 1919. XVI, 142 Seiten. 1922. 2.—
Für das Jahr 1920. 212 Seiten. 1924. 6.—
Für die Jahre 1921 und 1922, XXVII, 414 Seiten. 1927. 18.—

„Für alle Volkskundler ein unerläßliches, aber auch bequemes Hilfsmittel. Es sollte in allen Bibliotheken, Museen, Instituten und höheren Schulen gehalten werden." *Zeitschrift des Vereins für Volkskunde*

Zeitschrift für Volkskunde. Im Auftrage des Verbandes deutscher Vereine für Volkskunde mit Unterstützung von Johannes Bolte herausgegeben von FRITZ BOEHM. Lexikon-Oktav.

Jährlich 3 Hefte im Umfang von je etwa 7 Bogen. 1929. 18.—

Die Zeitschrift des Vereins für Volkskunde geht mit dem Jahr 1929 aus dem Besitz des Berliner Vereins, als dessen Organ sie 1891 von Karl Weinhold ins Leben gerufen wurde, in den des Verbandes Deutscher Vereine für Volkskunde über. Der Charakter der Zeitschrift als wissenschaftliches Zentralorgan der deutschen Volkskunde, den die Herausgeber stets zu wahren bemüht gewesen sind, wird auch in Zukunft der gleiche bleiben. Die Beiträge befassen sich mit den verschiedenartigsten Äußerungen des Volkslebens und wenden sich an jeden, der an dessen Erforschung und Kenntnis Anteil nimmt.

Deutscher Kulturatlas. Herausgegeben von GERHARD LÜDTKE und LUTZ MACKENSEN. Quer-Folio. In Lieferungen zu je 8 Karten. 1928—1929. Mindestbezug 8 Karten nach beliebiger Wahl. 2.—

Subskriptionspreis je Lieferung bei Bezug des ganzen Atlasses 1.60

Der „Deutsche Kulturatlas" setzt sich die Aufgabe, Werdegang und Entwicklung des deutschen Lebens in sinnfälliger und greifbarster Weise vor Augen zu führen. Die Linien, die die einzelnen geistesgeschichtlichen Epochen verbinden, und die Fäden, die sich zwischen den verschiedenen Kulturzweigen des gleichen Zeitalters hin und her spinnen, möchte er aufzeigen: inwieweit geistige Schöpfungen vom politischen Geschehen, vom wirtschaftlichen Zeitzustand, von landschaftlicher Sonderentwicklung abhängig sind, ob und wieweit Schöpfer und Schöpfung Ergebnisse ihrer zeitlichen, geistigen und geographischen Umwelt sind.
Die 500 Karten werden u. a. folgende Gebiete umfassen (jede eine graphische Darstellung mit nebengesetztem Text): Vorgeschichte / Geschichte / Siedlung / Wirtschaft und Verkehr / Religionsgeschichte / Recht / Sprache / Literaturgeschichte / Bildungsgeschichte / Philosophie / Kunstgeschichte / Musik.

Reallexikon der deutschen Literaturgeschichte. Unter Mitarbeit zahlreicher Fachgelehrter herausgegeben von PAUL MERKER und WOLFGANG STAMMLER.

I Band: Abenteurerroman—Hyperbel. Lexikon-Oktav. XII, 593 Seiten. 1926. 32.—, in Halbleder 41.—

II. Band: Jambus—Quatrain. Lexikon-Oktav. IV, 754 Seiten. 1928. 40.—, in Halbleder 49.—

Der III. Band (Schlußband und Register) erscheint in etwa 8 Lieferungen zu je 4.—

„... ein großzügiges, nach durchaus neuzeitlichen Grundsätzen angelegtes Hand- und Nachschlagebuch." *Literarische Wochenschrift*

Stoff- und Motivgeschichte der deutschen Literatur, herausgegeben von PAUL MERKER und GERHARD LÜDTKE.

1. Heft: Die Jungfrau von Orléans in der Dichtung. Von WILHELM GRENZMANN. Groß-Oktav. VIII, 74 Seiten. 1929. 4.—

Anlage und Umfang der vorliegenden Arbeit sind durch die dem stoff- und motivgeschichtlichen Sammelwerk zugrunde liegende Idee bestimmt, einen vielbehandelten Stoff oder ein häufiger wiederkehrendes Motiv auf ihrem Schicksalsgang innerhalb der deutschen Literaturgeschichte zu verfolgen. Bei der ungewöhnlichen Stellung, die Jeanne d'Arc in der Weltliteratur und vor allem in der französischen Dichtung einnimmt, beschränkt sich diese Untersuchung natürlich nicht nur auf die deutsche Literatur. Die geistesgeschichtlichen Linien führen bis auf Schiller durch die Literaturen anderer Länder.

2. Heft: Tristan und Isolde in der französischen und deutschen Dichtung des Mittelalters und der Neuzeit. Von WOLFGANG GOLTHER, o. ö. Professor an der Universität Rostock. Groß-Oktav. VI, 72 Seiten. 1929. 4.—

Die vorliegende Untersuchung verfolgt einen der bedeutendsten Stoffe der Heldensage — die Sage von Tristan und Isolde — auf seinem Schicksalsgang durch die deutsche Literatur und zeigt, wie verschieden dieser Stoff in den einzelnen Zeitepochen behandelt wurde, indem die jeweilige Weltanschauung und Stilrichtung ihn mit Zusätzen und Abzügen versah, seine Grundidee verschieden auffaßte, Spiel und Gegenspiel bestimmte und auf die gesamte innere und äußere Form entscheidend einwirkte. Somit bildet diese Arbeit einen ***Baustein zur Geschichte des geistigen Lebens und der seelischen Entwicklung des deutschen Volkes.***

3. Heft: Julianus Apostata in der deutschen Literatur. Von KÄTE PHILIP. Groß-Oktav. VIII, 80 Seiten. Im Druck

Grundriß der deutschen Literaturgeschichte.

Band I: Geschichte der deutschen Literatur bis zur Mitte des elften Jahrhunderts. Von WOLF VON UNWERTH und THEODOR SIEBS. Oktav. XI, 260 Seiten. 1920. 6.—, geb. 8.50

Band II: Geschichte der mittelhochdeutschen Literatur.

1. Teil: Frühmittelhochdeutsche Zeit. Blütezeit I. Das höfische Epos bis auf Gottfried von Straßburg. Von FRIEDRICH VOGT. Dritte, umgearbeitete Auflage. Oktav. 363 Seiten. 1922. 5.—, geb. 6.—

In Vorbereitung befinden sich:

2. Teil: Geschichte der mittelhochdeutschen Literatur. Blütezeit II. Von GUSTAV ROSENHAGEN.

3. Teil: Geschichte der mittelhochdeutschen Literatur. Das vierzehnte und fünfzehnte Jahrhundert. Von GUSTAV ROSENHAGEN.

Band III: Geschichte der mittelniederdeutschen Literatur. Von WOLFGANG STAMMLER.

Band IV: Geschichte der deutschen Literatur im sechzehnten Jahrhundert. Von PAUL MERKER.

Band V: Geschichte der deutschen Literatur im siebzehnten Jahrhundert. Von WILLI FLEMMING.

Band VI: Geschichte der deutschen Literatur im achtzehnten Jahrhundert. Von MARTIN SOMMERFELD.

Band VII: Romantik. Von WOLFGANG LIEPE.

Band VIII: Das junge Deutschland. Von EDUARD CASTLE.

Band IX: Geschichte der modernen niederdeutschen Literatur. Von WOLFGANG STAMMLER.

Von den literarischen Darstellungen aus der zweiten Auflage des Paulschen Grundrisses ist noch folgender Sonderabdruck zu haben:

Geschichte der friesischen Literatur. Von THEODOR SIEBS. IV, 34 Seiten. 1902. 1.—

Germanisch und Deutsch. Studien zur Sprache und Kultur.

1. Heft: Die Textgeschichte des Wolframschen Parzival. Von EDUARD HARTL.

1. Teil: Die jüngeren *G-Handschriften. 1. Abteilung: Die Wiener Mischhandschriftengruppe *W (Gn Gδ Gμ Gφ). Mit einem Stammbaum der Gruppe *W. Oktav. XXIII, 165 Seiten. 1928.

Das erste Heft dieser neuen Sammlung, die ein Sammelbecken für Untersuchungen unserer Sprache und Kultur sein wird, ist einem Unterthema der Textgeschichte des Wolframschen Parzival gewidmet, das deshalb grundlegende Bedeutung hat, weil es den allerersten Anfang streng philologischer Behandlung auf diesem vollkommen unbebauten Gebiet darstellt.

2. Heft: Rists Monatsgespräche. Von ALFRED JERICKE. Oktav. VIII, 204 Seiten. 1928. 10.—

Die hier vorliegende, methodisch sicher fundierte und von umfassendem Wissen getragene Forscherarbeit findet das Interesse verschiedenster Wissenschaftskreise. Rists Monatsgespräche (1663—1668 erschienen) sind ideell und auch formal der erste Vorläufer des literarisch-wissenschaftlichen Journals in Deutschland. Die Arbeit bietet auch Material zu einer noch nicht geschriebenen Geschichte des Dialoges. An Hand ihrer enzyklopädischen Fülle und des anekdotenreichen Memoirencharakters zeichnet der Verfasser aber vor allem das Bild des sachlichen Wissens, künstlerischen Empfindens, der Sitten, der Moral und des Lebensgefühls jener Zeit nach dem Dreißigjährigen Kriege.

3. Heft: Klopstocks Deutsche Gelehrtenrepublik. Von MAX KIRSCHSTEIN. Oktav. 191 Seiten. 1928. 8.—

Klopstocks „Deutsche Gelehrtenrepublik", ganz Ausdruck ihrer Zeit — seine Gedankengänge kamen Goethes Suchen und Empfinden so entgegen, daß er sich hell an ihnen begeisterte —, erfährt hier ihre kritische Darstellung nach Idee, Geschichte, rechtlicher und geistiger Struktur, Verfassung und ihren Gesetzen. Es ergibt sich dabei ein außerordentlich wichtiger Beitrag zur Geschichte der wissenschaftlichen Gemeinschaften und ähnlicher Bestrebungen, deren Tendenzen noch zur Zeit Klopstocks die Religion, die Enzyklopädie und der nationale Gedanke waren. Diese wertvolle Arbeit ermöglicht einen Blick in die Stimmung jener für die moderne Entwicklung der Wissenschaft so bedeutsamen Zeit.

FSC
www.fsc.org
MIX
Papier | Fördert
gute Waldnutzung
FSC® C083411

Kolibri 360 GmbH
Ferdinand-Jühlke-Straße 7
99095 Erfurt, Deutschland
produktsicherheit@kolibri360.de